Praxis Impulse

Heidrun Scheller (Hrsg.), Doris Athmer, Traute Philipp,
Heidrun Scheller, Elisabeth Steinkamp

Erzählte Geschichte des 20. Jahrhunderts

Teil 1: 1900 bis 1945

westermann®

Druck A[1] Jahr 2008
Alle Drucke der Serie A sind im Unterricht parallel verwendbar.

Redaktion: Nicole Amrein
Herstellung: Heike Freese und PER Medien+Marketing GmbH, Braunschweig
Illustrationen: Mariona Zeich
Satz und technische Umsetzung: PER Medien+Marketing GmbH, Braunschweig
Druck und Bindung: westermann druck GmbH, Braunschweig

ISBN 978-3-14-**163020**-6

Inhalt

Übersicht über die Kopiervorlagen

Vorwort

Die in dem Band „Erzählte Geschichte des 20. Jahrhunderts“ enthaltenen Texte sind Zeitzeugenberichte. Seit vielen Jahren habe ich alte Menschen befragt. Sie haben Auskunft darüber gegeben, wie sie in ihrer Kindheit gelebt, welche Erfahrungen sie in ihrer Schulzeit gemacht, wie sie gespielt, gelebt und gearbeitet haben. Meine Fragen galten insbesondere ihrem Leben im Alter vom vierten bis etwa zum zwölften Lebensjahr, weil dieses Alter dem unserer Grundschulkinder nahe ist.

Die Menschen, die hier erzählen, haben einen Namen. Gelegentlich habe ich Berichte mehrerer Erzähler zu einem zusammengefügt, weil so ein umfassendes Bild entsteht.

Viele leben nicht mehr. Sie erfahren hier eine Würdigung, indem sie durch ihre Geschichte weiterleben.

Heidrun Scheller

Einführung

1

Zur Konzeption des Werkes

Die Texte „Erzählte Geschichte des 20. Jahrhunderts" informieren Kinder im Alter von sieben bis zwölf Jahren über Kindheit in den verschiedenen Zeitabschnitten des vorigen Jahrhunderts. Die Schülerinnen und Schüler lesen die Berichte der Zeitzeugen allein oder in Gruppen. Sie bekommen einen Eindruck davon, wie Kinder gelebt haben. Sie erfahren, wie Kinder gearbeitet, gelernt und gespielt haben.

Die in den Handreichungen gegebenen „Informationen zur Geschichte" sind bewusst so formuliert, dass sie nicht nur Lehrkräften, sondern auch interessierten und leseerfahrenen Kindern ein vielschichtiges Bild der jeweiligen Zeit vermitteln. Die Untergliederung in kurze Absätze macht es möglich, dem Lesevermögen der Schülerinnen und Schüler angepasste Texte differenzierend einzusetzen. Nicht jedes Kind muss alles lesen. Nicht jedes Kind ist in der Lage, den geschichtlichen Hintergrund zu erfassen. Aber jedes Kind bekommt die Möglichkeit, seinen Fähigkeiten entsprechend einen Beitrag zur Texterschließung sowie zur Bearbeitung der in den Kopiervorlagen gestellten Aufgaben zu leisten.

Die Materialien können in der vorliegenden Reihenfolge im Unterricht eingesetzt werden. Da sie in Einzelkapitel untergliedert sind, bietet es sich ebenso an, sie den Unterrichtsgegebenheiten entsprechend unabhängig voneinander einzusetzen.

Kinder bekommen die Möglichkeit, an einzelnen Themen zu arbeiten. Es spricht nichts dagegen, von ihrem Interesse geleitetes Arbeiten zuzulassen.

Ein detaillierter Geschichtsüberblick gibt Hilfe und Orientierung für die Einordnung der jeweiligen Sequenzen in die entsprechende Epoche des 20. Jahrhunderts. In den leeren Zeitstrahl kleben die Kinder Bilder oder Textausschnitte der Erzählerinnen und Erzähler, oder sie schreiben eigene Texte zu der entsprechenden Zeit. Der Ablauf der Geschichte des Jahrhunderts wird auf diese Weise linear dargestellt und zeigt, in welcher Zeit die Erzählerinnen und Erzähler Kind waren.

Um projektorientierten Unterricht ebenso zu ermöglichen wie fächerverbindendes Lernen, bieten die Kopiervorlagen Arbeitsmaterialien und Anregungen für offenen Unterricht und selbstgesteuertes Lernen. Die Bereiche Deutsch, Sachunterricht, Mathematik, Kunst, Musik, Darstellendes Spiel, Spiel und Bewegung werden zusammengeführt. Mithilfe aller Materialien gewinnen die Kinder einen umfassenden Einblick in das Leben der jeweiligen Zeit.

Grundschulkinder neugierig zu machen auf das Unterrichtsfach Geschichte, ihnen zu zeigen, wie interessant, lebendig und voller Entdeckungen Ausflüge in die Vergangenheit sind, Verbindungen zwischen Vergangenheit und Gegenwart herzustellen und mit Leben zu füllen ist ein Anliegen der Autorinnen.

Nicht zuletzt soll der Grund gelegt werden für eine dem Alter der Kinder angemessene Information über das Leben der Kinder in der Mitte des 20. Jahrhunderts. Die Auswirkungen von Krieg, Flucht, Not, Entbehrungen auf das Alltagsleben besonders der Kinder sind Thema der vorliegenden Mappe. Breit angelegtes Wissen über die Vergangenheit macht es Grundschulkindern möglich, eine Verbindung zur Gegenwart herzustellen, beides zu beurteilen und zu bewerten.

Kinder interessieren sich für das Leben in vergangenen Zeiten

Das Thema „Zeit" fasziniert Kinder. Sie sind nicht nur an dem interessiert, was sie in der Gegenwart erleben, sondern suchen auch Informationen über Vergangenes. Sie werden aufmerksam, wenn sie vom Leben der Kinder in der Vergangenheit hören oder lesen.

- Wie war es, als ich klein war?
- Was hast du erlebt, als du ein Kind warst?
- Waren Oma und Opa auch mal klein?
- Wie haben sie gewohnt?
- Was haben sie gespielt?
- Wie war Schule früher?

Dies ist nur eine kleine Auswahl der Fragen, die Kinder Erwachsenen stellen. Ein guter Weg, um geschichtliche Themen in den Blick der Kinder zu rücken, ist das Erzählen. Es erweckt längst vergangene Zeiten zum Leben. Es beflügelt die Fantasie der jungen Zuhörerinnen und Zuhörer und lässt sie in die Vergangenheit eintauchen.

Die Texte

In den erzählenden Texten wird Geschichte in der Zeit von 1900 bis 1945 exemplarisch am Alltagsleben von Kindern dargestellt. Die Beschränkung auf das Leben der Kinder in den verschiedenen Zeitabschnitten des 20. Jahrhunderts erleichtert Grundschulkindern den Zugang. Die notwendige verkürzte Darstellung hat zum Ziel, ein dennoch historisch genaues Bild des Lebens zu geben.

Die Erzählerinnen und Erzähler setzen unterschiedliche Schwerpunkte, weil ihr Erleben von persönlichen Erfahrungen und Erinnerungen geprägt ist. Diese Erinnerungen lassen jedoch immer Rückschlüsse auf das Zeitgeschehen und das Leben vieler Menschen zu.

Um auch wenig geübten Leserinnen und Lesern den Zugang zu den Texten zu erleichtern, sind sie in kurze Abschnitte untergliedert. Gemeinsame Arbeit an den Texten fördert das Textverstehen, die soziale Kompetenz und die Dialogfähigkeit der Kinder.

Ziele der Arbeit mit den Texten und Kopiervorlagen

1. Lesend, zuhörend und forschend nähern sich die Kinder der Vergangenheit. Sie versetzen sich in das Leben der Kinder in den unterschiedlichen Epochen des 20. Jahrhunderts zurück.
2. Sie vertiefen sich einzeln oder in kleinen Gruppen in die Texte. Es ist von Vorteil, wenn sich Gruppen zusammenfinden, die aus Kindern mit unterschiedlich entwickelter Lesefähigkeit und Lesefertigkeit bestehen.
3. Jedes Kind arbeitet seinen Fähigkeiten entsprechend: Die schnellen Leserinnen und Leser lesen den gesamten Text, die noch nicht so geübten nehmen sich einen Teil des Textes vor.
4. Sie versuchen dabei, anhand des Glossars die Bedeutung unbekannter Wörter zu finden. Sollte es darüber hinaus Wörter geben, deren Bedeutung den Kindern nicht geläufig ist, versuchen sie, sich Hilfe aus dem Computer zu holen oder – als letzte Instanz – fragen ihre Lehrkraft.
5. Sie lernen dabei,
   - Texte aktiv zu lesen;
   - unbekannte Wörter zu markieren;
   - wichtige Aussagen hervorzuheben;
   - den Inhalt mit eigenen Worten wiederzugeben;
   - Fragen zum Text zu beantworten;
   - selbstständig Fragen zum Text zu formulieren.

Rituale zum Lesen

Die Texte können sowohl als Vorlage für eine Lehrererzählung dienen als auch direkt von den Kindern gelesen werden. Damit das Lesen gelingt, sollten bestimmte Rituale eingehalten werden:

- Arbeitsruhe einzuhalten ist eine Voraussetzung für intensives Lesen.
- Das Lesen kann beginnen, sobald die Kinder sich an einen Leseplatz gesetzt haben. Das kann eine Ecke im Klassenzimmer sein, vielleicht auch ein Gruppenraum, der als „Lesezimmer“ gekennzeichnet ist.
- Setzt ein Kind sich an einen der „Leseplätze“, signalisiert es, dass es nicht gestört werden möchte.
- Wenn sich kleine Gruppen gemeinsam zurückziehen, unterhalten sie sich flüsternd, um andere Leser nicht zu stören.
- Vor dem gegenseitigen Vorlesen klären die Kinder, wo es durchgeführt werden kann. Kleine „Arbeitsecken“ am Ende eines Schulflures sind hilfreich.

Zur Arbeit mit den Kopiervorlagen

Zu jedem Kapitel des Werkes gibt es Kopiervorlagen, die Anregungen für selbstständige Arbeit enthalten: Rollenspiele verdeutlichen mehr als Lesen oder Vorlesen, wie Kinder gelebt haben, aber genauso zeigen sie, wie die Texte gedanklich durchdrungen worden sind. Das Erarbeiten von Dialogen anhand der vorliegenden Texte und deren schriftliche Fixierung ist eine Aufgabenstellung, die von Kindern in der Grundschule leistbar ist.

Hilfreich ist es bei der Darstellung „Lebender Bilder“ wie auch kleiner improvisierter oder geübter Spielszenen, eine schnell zu errichtende Bühne zu haben. Sie besteht aus einer Art überdimensioniertem Bilderrahmen. Er ist zerlegbar und schnell montierbar, so dass er ohne großen

Aufwand jederzeit auf- oder abzubauen ist. Eine Bauanleitung finden Sie am Ende dieses Kapitels.

Angeregt durch die Texte und auch durch die Kopiervorlagen beginnen Schülerinnen und Schüler, ältere Menschen aus ihrem Umfeld nach deren Kindheit zu befragen. Im Rahmen ihrer Möglichkeiten schreiben sie auf, was sie hören und schlüpfen dabei in die Rolle der Chronistin, des Chronisten.

Um das Bild einer Epoche darüber hinaus zu vervollständigen, sind Ausflüge in die Kunst, die Musik und die Architektur der jeweiligen Zeit den Texten und Arbeitsvorlagen hinzugefügt. Diese Zeugnisse gewähren den Kindern zusätzliche Einblicke in Kultur und Lebensgefühl der jeweiligen Zeit.

Auf verschiedenen Wegen wird es den Kindern möglich, Brücken in die Vergangenheit zu schlagen. Zeitdokumente wie Fotos, Illustrationen, Kunstwerke, Dokumente, Geldscheine oder Stundenpläne aus vergangenen Zeiten regen zum Betrachten, zum Gespräch, zu Fragen und zum Reflektieren des eigenen Lebens an, aber auch zu eigenem schöpferischen Nachempfinden. Gedichte, Lieder, Bilder, Keramiken, Plastiken zu erschaffen im Stil der jeweiligen Zeit erfordert eine genaue Beschäftigung mit Kunstwerken der Epoche. Beispiele dazu sind in den Abbildungen gegeben – fordern aber auch dazu auf, eine Galerie oder ein Museum in der Nähe zu besuchen, um weitere Kunstwerke oder historische Gegenstände kennenzulernen.

Dokumentation der Arbeitsergebnisse

Wichtig ist es, dass am Schluss einer Einheit jede Gruppe ihre Arbeitsergebnisse präsentiert. Im Team an selbst gewählten oder in den Kopiervorlagen vorgegebenen Themen zu arbeiten, fordert die Kinder dazu heraus, auf vielfältige Art ihre Arbeitsergebnisse zu dokumentieren. Es bietet sich an, Kinder an die Arbeit mit Portfolios heranzuführen. Sie lernen damit, ihre Arbeit zu beurteilen, ihren Lernzuwachs einzuschätzen, ihre Arbeitsergebnisse vorzustellen, Entscheidungen zu begründen und sowohl sich selbst als auch den Mitschülern gegenüber kritikfähig zu sein (vgl. Mein Lernordner Portfolio für die Grundschule, Handreichung, Schroedel 2006, S. 3–18).

Lieder, Tänze und Spiele aus den unterschiedlichen Zeiten ergänzen die Präsentation, genau wie eine Theateraufführung und/oder eine Kunstschau. Fotos und Videoaufnahmen aus dem Unterricht runden das Bild ab, das die Kinder aus der jeweils erforschten Zeit gewonnen haben.

Ein Forum für die Darstellung der geleisteten Arbeit könnte ein Elternabend sein.

Eine Vorstellung in einer Schulversammlung am Beginn oder am Ende einer Arbeitswoche bezieht die Klassen eines Jahrgangs ein, oder auch die gesamte Schülerschaft.

Die Möglichkeit einer jahrgangsübergreifenden Projektarbeit zu einem Thema der Geschichte des 20. Jahrhunderts sollte ins Auge gefasst werden. Kinder aus verschiedenen Jahrgängen beteiligen sich gemeinsam an einem Geschichtsprojekt. Sie lernen dabei, einander zu respektieren oder auch Herangehensweisen an die Arbeit zu diskutieren und zu entwickeln, sowie Konflikte im Gespräch miteinander zu lösen. In Teamarbeit übernehmen Kinder Aufgaben unterschiedlicher Schwierigkeitsgrade zum gleichen Thema. Sie tragen ihren Fähigkeiten und Fertigkeiten entsprechend ihren Anteil zum Arbeitsergebnis bei. Auf diese Weise erwerben Kinder unterschiedlicher Altersgruppen gemeinsam lebendiges Wissen.

Wir wünschen Ihnen und den Schülerinnen und Schülern Freude beim Entdecken des Lebens der Kinder im vorigen Jahrhundert.

Geschichtsüberblick 1871–1931

	1871	Ende des Deutsch-Französischen Krieges 1870/71: Preußenkönig Wilhelm wird nach dem Sieg über die Franzosen in Versailles zum Kaiser ausgerufen. Er regiert als Kaiser Wilhelm I.
1888–1918 regiert Kaiser Wilhelm II.	1888: das „Drei-Kaiser-Jahr“	Tod Kaiser Wilhelms I.: Sein Sohn besteigt als Kaiser Friedrich III. den Thron. Er ist schwer krank und stirbt nach drei Monaten. Kronprinz Wilhelm folgt seinem Vater als Kaiser Wilhelm II. auf den Thron. Er regiert bis 1918.
1900–1918: Das ist die Zeit, aus der über „Die Enkelkinder des Kaisers“ berichtet wird. Frau Johanna, Meta aus dem Leutehaus, Herr Ulrich und Hoferbe Paul verleben ihre Kindheit.	1914	Es endet die Zeit des Friedens und für viele Menschen die Zeit des Wohlstandes. Kaiser Wilhelm II. erklärt Anfang August erst Russland und danach Frankreich den Krieg. Schließlich beteiligen sich an diesem Krieg ca. 30 Länder. So viele Länder hatten noch nie gegeneinander Krieg geführt. Deswegen wurde dieser Krieg „Weltkrieg“ genannt.
	1918	Nach vier Jahren endet der Krieg. Der Kaiser flüchtet mit seiner Familie nach Holland.
		Prinz Max von Baden ruft die Republik in Deutschland aus. Es wird eine Regierung in Berlin gebildet, in der alle schon bestehenden Parteien vertreten sind. Friedrich Ebert übernimmt die Geschäfte des Reichskanzlers.
	November 1918	Matrosen der Kaiserlichen Marine beginnen einen Aufstand, der sich in viele deutsche Städte fortsetzt.
Frau Schmidt aus Berlin berichtet aus dieser Zeit.	1919	Im Januar gibt es Unruhen in Berlin. Ein Generalstreik wird ausgerufen: Niemand arbeitet, und in den Straßen gibt es Kämpfe, die aber schnell beendet werden.
Die Menschen wählen aus verschiedenen Parteien ihre Volksvertreter, die eine Regierung bilden.	19. Januar 1919	Die ersten Wahlen finden statt, denn das Land braucht eine Regierung, die einen Friedensvertrag mit Frankreich unterschreiben kann und das Land aus dem Nachkriegs-Chaos führen soll. Das Deutsche Reich wird im Friedensvertrag von Versailles dazu verurteilt, Land an Frankreich und Russland abzugeben. Es muss, weil es den Krieg begonnen hat, für die Schäden im Land der Gegner bezahlen und Waffen und Kriegsmaterial an die Sieger abgeben.

Die „Republik“ wird ausgerufen. Weil die Nationalversammlung in Weimar über die Verfassung des Deutschen Reiches beraten hat, wird sie „Weimarer Republik“ genannt.		Das Land kommt nicht zur Ruhe. Die Wirtschaft ist geschwächt – durch den hohen Verlust an Menschenleben während des Krieges und nach dem Krieg (durch Kriegshandlungen, Hunger, Grippeepidemie), – durch Gebietsverluste, die auch Rohstoffquellen und Industrieregionen umfassen (z. B. Oberschlesien, Elsass-Lothringen), – durch die hohen Reparationszahlungen und die Kriegsschulden im eigenen Land. (Die gezeichneten Kriegsanleihen können nicht eingelöst werden, was eine Verarmung breiter Bevölkerungsschichten bewirkt.)
	August 1922	Das Geld verliert schnell seinen Wert: Die Preise für Waren steigen, für den Arbeitslohn gibt es immer weniger zu kaufen. Viele Geschäftsleute, Handwerker, Industrielle verlieren Besitz und/oder Vermögen. Dadurch wird das soziale Gefüge der Republik zerstört.
Das Geld wird immer weniger wert. Die „Inflationszeit“ dauert bis 1924. Urgroßvater Alfred und Onkel Ferdinand berichten.	1923	Adolf Hitler versucht zum ersten Mal, an die Macht zu kommen: Er putscht und ruft sich in München zum Reichskanzler aus. Der Putsch wird von der Polizei beendet. Hitler wird verhaftet und von einem Gericht zu einer Haftstrafe verurteilt.
	1924	Die Zeit der Inflation wird beendet durch die Einführung der „Rentenmark“. Die Wirtschaft und mit ihr die Menschen profitieren davon. Es beginnt eine Zeit der positiven Entwicklung, weil Amerikaner viel Geld in Deutschland investieren.
Frau Krakowski erzählt.	1928	Viele Menschen werden arbeitslos. Die wirtschaftliche Entwicklung geht zurück. Der Staat hat kein Geld mehr und kann auch keines mehr investieren. Die Arbeitslosigkeit wird zum großen Problem.
	1929	Die Weltwirtschaft fällt in eine tiefe Krise, als in den USA die Börsenkurse abstürzen. Viele Menschen, nicht nur in den USA, sondern auch in Europa, verlieren an diesem Tag ihr gesamtes Vermögen und sind plötzlich bettelarm.
	1930	Das Parlament des Deutschen Reiches stimmt dafür, dass die an die Siegermächte des 1. Weltkrieges zu zahlenden Reparationen geregelt werden: Bis in das Jahr 1988 werden feste Beträge für jährliche Zahlungen beschlossen. Die inzwischen sehr stark gewordene Partei NSDAP, deren Führer Adolf Hitler ist, stimmt gemeinsam mit ähnlich rechts gerichteten Parteien gegen das Reparations-Gesetz.
	1930	Wenige Wochen später wird die Regierung abgesetzt. Bei den Wahlen im September gewinnt die NSDAP die Wahl. Die Zahl der Arbeitslosen ist seit 1928 von 2 Millionen auf über 4 Millionen gestiegen.

Geschichtsüberblick 1932–1945

Herr Simon berichtet aus dieser Zeit. Die Zeit der „Weimarer Republik“ findet ein Ende und damit die Demokratie in Deutschland.	1932	Als in Deutschland die Zahl der Arbeitslosen auf über 6 Millionen gestiegen ist, wird das von den Wählern als Zeichen gesehen, dass die Staatsform „Republik“ versagt hat. Mit flammenden Reden begeistert Adolf Hitler die Massen für seine Ideen. Er nutzt die Weltwirtschaftskrise dazu, Feindbilder aufzubauen, denen er die Schuld an der Krise zuschreibt: die Marxisten/Kommunisten, die Juden, die Gewinner des Krieges. Er verspricht den Menschen, das Deutsche Reich zu wirtschaftlichem Erfolg und zu neuer Macht in Europa zu führen.
Herr Hahn berichtet. 1937: Oma Margarethe erzählt.	1933	Hitler wird zum Reichskanzler berufen. Sogleich löst er das gewählte Parlament auf. Menschenrechte werden außer Kraft gesetzt. Diejenigen Bürger, die mit seiner Politik nicht einverstanden sind und dagegen protestieren, werden in ein Gefängnis, Zuchthaus oder in ein Konzentrationslager verschleppt und dort umgebracht. Jüdische Bürger beginnen, das Deutsche Reich zu verlassen. Die meisten glauben aber nicht, dass ihr Leben von den neuen Machthabern bedroht wird.
	1938	In der Nacht zum 9. November werden die Synagogen, Geschäfte und Wohnungen der jüdischen Mitbürger von Nationalsozialisten zerstört. Nun merken auch die, die bisher gemeint haben, es könne ihnen in ihrem Heimatland nichts geschehen, dass sie in großer Gefahr sind. Aber zum Auswandern ist es zu spät: Es bekommt niemand mehr eine Genehmigung zum Verlassen des Landes.
Marie-Luise hat Geburtstag.	1939	Kriegsvorbereitungen werden verstärkt. Im August müssen viele Männer in die Kasernen einrücken. Sie erhalten eine kurze Ausbildung. Am 1. September beginnt der 2. Weltkrieg mit dem Überfall auf Polen.
1943: Frau Renate erinnert sich. 1944: Helga erzählt. 1944: Waltraud erinnert sich. 1945: Herr Martin berichtet.	1940–45	Der Krieg tobt in Europa. Hitler lässt Soldaten in weitere Nachbarländer einmarschieren. Auch außereuropäische Staaten erklären dem Deutschen Reich den Krieg. Viele Millionen Menschen sterben: Soldaten, die gegeneinander kämpfen, alte Menschen, Frauen und Kinder kommen durch Bomben, schwere Krankheiten, Hunger um. Flüchtlinge aus dem Osten des Reiches, dem heutigen Polen, fliehen vor den einmarschierenden russischen Soldaten. Minderheiten werden verfolgt und in Konzentrationslager gesperrt, um sie dort zu töten. Dazu gehören vor allem die jüdischen Bürgerinnen und Bürger mit ihren Familien, Sinti und Roma, Angehörige religiöser Minderheiten (z. B. Zeugen Jehovas), Homosexuelle ebenso wie Kritiker der Regierung aus allen Bevölkerungsschichten.

Zeitleiste 1900 – 1950

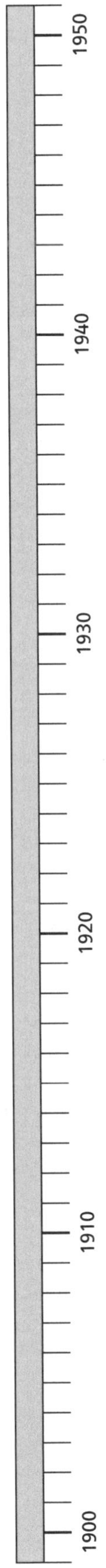

Theaterrahmen

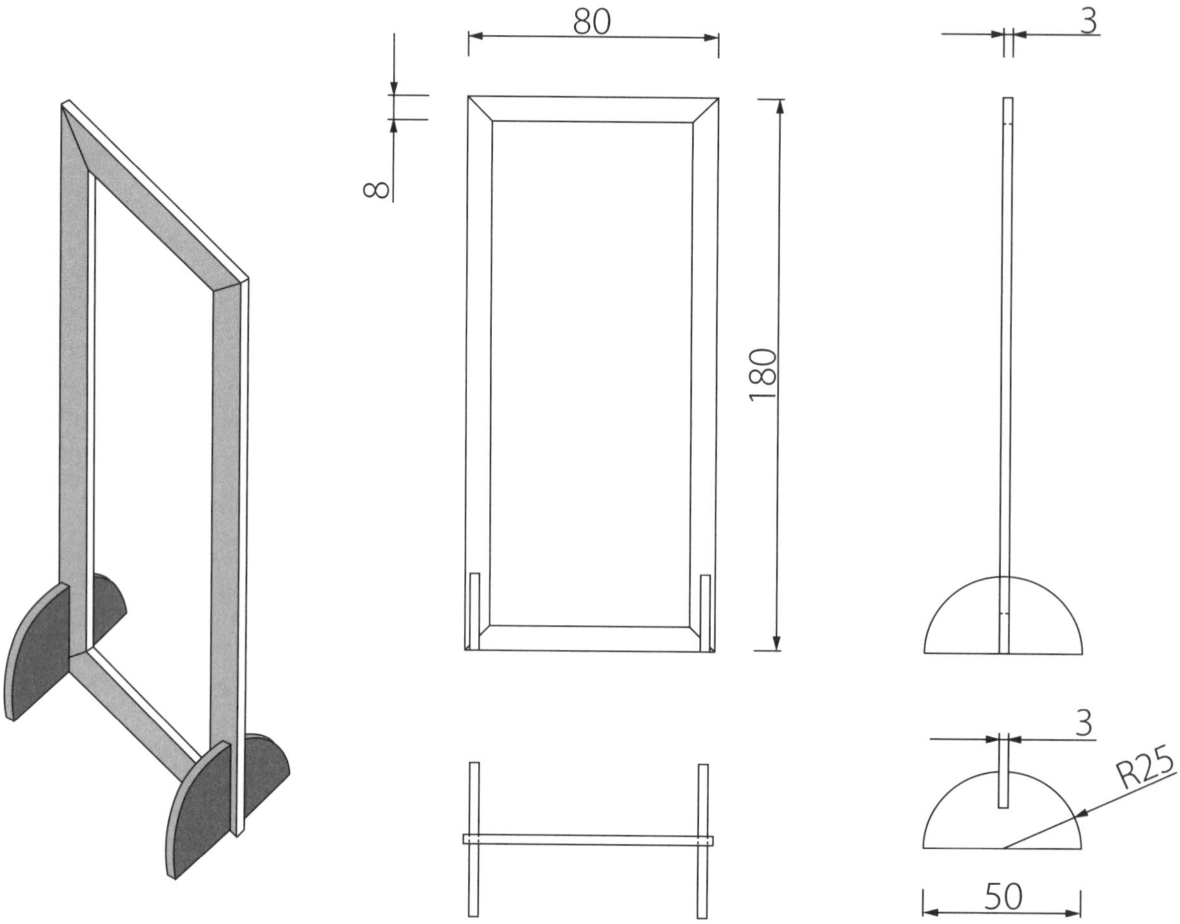

Pos.-Nr.	Bezeichnung	Anzahl	Fertigmaße in mm		
			Länge	Breite	Dicke
1	Rahmen aufrecht	2	1800	80	30
2	Rahmen quer	2	800	80	30
3	Ständer	2	500	250	19
4	Dübel	8	40	Durchmesser 8	

Kindheit von 1900 bis 1914

2

2.1 Ziele der Einheit: Kindheit von 1900 bis 1914

Geschichte
Die Kinder sollen erfahren, dass das Kinderleben am Anfang des 20. Jahrhunderts sich in vielen Dingen von ihrem eigenen Leben wesentlich unterscheidet:

- Die Wohn- und Arbeitsbedingungen waren grundsätzlich anders.
- Kinder, die nicht in Wohlstand lebten, mussten früh lernen, Verantwortung für ihr eigenes Leben und das ihrer oft zahlreichen Geschwister zu übernehmen.
- Kinder wurden durch ihre Teilnahme am Alltagsleben der Erwachsenen schon früh in die Arbeitswelt eingebunden.
- Kind zu sein bedeutete nicht, Zeit für Spiel und Sport zu haben, sondern mit zunehmendem Alter Aufgaben und Verantwortung übernehmen zu müssen.

Deutsch
Die Kinder sollen ihre Lesefertigkeit mithilfe der Texte steigern. Sie sollen

- einander helfen und gemeinsam die Texte erlesen;
- markierte Wörter im Glossar nachschlagen;
- Fragen zum Text klären;
- überlegen, welche Informationen ihnen der Text zum Leben der Kinder vermittelt;
- Vergleiche zu ihrer Lebenssituation anstellen.

Sie sollen aus Bildern Informationen entnehmen:

- Bilder betrachten und auf Einzelheiten bzgl. der Kleidung, der Körperhaltung, der Frisuren, der Stellung der Personen zu einander achten;
- die Geschichten in und hinter den Bildern erkennen und erzählen;
- Zusammenhänge zwischen den Aussagen der Bilder und denen der Texte herstellen.

Sie sollen

- eigene Texte zu Bilddokumenten verfassen;
- Informationen zur Kaiserzeit ausfindig machen und dabei unterschiedliche Informationsquellen nutzen (Gespräche mit alten Menschen, Lexika, Internet);
- erkunden, ob es in ihrem Ort Berichte zum Leben in der Kaiserzeit gibt (eine Schulchronik, das Stadtarchiv, das Archiv einer lokalen Zeitung, des Heimatvereins oder anderer Stellen der Traditionspflege).

Kunst, Musik, Literatur, Sport, Spiel, Theater
Darüber hinaus sollen sie in dieser Zeit entstandene Kunstwerke, Lieder, Kinderliteratur, Spiele und Spielzeug kennenlernen. Museumsbesuche, Besuche von Kunstausstellungen, Bibliotheksbesuche lassen die Zeit lebendig werden. Museums- und Kunstausstellungskataloge bieten sich als Anschauungsmaterialien an (vgl. Anhang Literatur).

Didaktische Hinweise
Der Anfang des 20. Jahrhunderts liegt für Kinder in der Grundschule sehr weit zurück. Reicht ihre eigene Erinnerung doch nur wenige Jahre, vielleicht bis an den Anfang des 21. Jahrhunderts zurück.

Da die Geschichte des 20. Jahrhunderts sehr bewegt war, hat schon der Beginn des Jahrhunderts so weitreichende Folgen für die Entwicklung unseres Landes, dass die Kinder davon erfahren müssen. Ihre eigene Urteilsfähigkeit wächst mit ihrem Wissen um die Geschichte, daher ist es wichtig, früh einen Grundstein für Geschichtsbewusstsein zu legen.

Wie rücken wir Geschichte in den Fragehorizont der Kinder?

Erzählungen aus der Kindheit alter Menschen motivieren zum Zuhören und Fragen. Die Erinnerungen an die kaiserliche Familie, die Kindheit von Frau Johanna, Herrn Ulrich, Meta aus dem Leutehaus und Paul, dem Hoferben, bilden die Basis für Wissen über eine vergangene Zeit.

Sie versetzen Kinder in die Lage, selbstständig weitere Fragen zu stellen und nach Quellen für zusätzliche Informationen zu suchen.

Informationen zur Zeitgeschichte

Die Gründung des Deutschen Reiches

Der Deutsch-Französische Krieg 1870/71 führte zur Gründung des Deutschen Reiches. *Fürst Otto von Bismarck* erreichte es, dass sich die süddeutschen Staaten und der *Norddeutsche Bund* zusammenschlossen, um gemeinsam gegen Frankreich zu kämpfen. Der Krieg endete mit der *Kapitulation* Frankreichs, das in der Schlacht bei Sedan von deutschen Truppen besiegt wurde. *Kaiser Napoleon III.* wurde gefangen genommen.

Preußens Herrscher

Preußen war der stärkste Staat des *Norddeutschen Bundes*. Der Preußenkönig gehörte zu der Familie *Hohenzollern*, die aus Süddeutschland stammte.

König Wilhelm I. übernahm im Krieg 1870/71 die Führung der Soldaten aus Norddeutschland und Süddeutschland. Als die Franzosen besiegt waren, wurde König Wilhelm I. von Preußen zum Deutschen Kaiser ausgerufen. Er starb im März 1888. Sein Sohn folgte ihm als Kaiser Friedrich III. auf den Thron. Er regierte nur drei Monate und starb im Juni 1888. Dadurch kam Kronprinz Wilhelm 1888 im Alter von 29 Jahren als Kaiser Wilhelm II. auf den Thron.

So ging das Jahr 1888 als das „Dreikaiserjahr" in die Geschichte ein.

Die wirtschaftliche Entwicklung des Kaiserreiches

Die Menschen liebten das Kaiserhaus und nahmen regen Anteil am Leben der kaiserlichen Familie. Für die *Adeligen*, die kaiserlichen *Beamten*, die Besitzer der großen Fabriken und auch die reichen Bürger der Städte war das Kaiserhaus Vorbild für das Leben und Verhalten.

Wilhelm II. war ein moderner Herrscher. Unter seiner Führung entwickelte sich das Deutsche Reich von einem *Agrarstaat* zum drittgrößten *Industriestaat* der Welt – nach den USA und Großbritannien.

Als es in Deutschland noch keine großen Fabriken gab, trafen sich in Berlin die Landbesitzer, die große Güter, viel Vieh und riesige Felder besaßen: die Gutsherren. Sie tagten so ähnlich wie ein *Parlament*. Sie hatten aber nicht viel zu bestimmen.

Die Gründer der Eisen verarbeitenden Fabriken wurden mächtig: Sie stellten aus Eisen Kanonen, Schiffe, Gewehre, Eisenbahnwagen und -schienen, Autoteile und Wagenräder her. In anderen Fabriken wurden Stoffe hergestellt: Die Textilindustrie wurde ausgebaut. Es entstanden in den Städten Arbeitsplätze für viele Menschen, und die Städte wuchsen. Die *Industriellen*, die viel Geld verdienten und viele Steuern zahlten, durften allmählich im Land mitbestimmen.

Frieden lässt den *Wohlstand* wachsen

Kaiser Wilhelm II. wurde als „Friedenskaiser" bezeichnet. Von 1871 bis 1914 führte das Deutsche Reich keinen Krieg. Diese lange Zeit wurde genutzt, um soziale Verbesserungen zu schaffen. Menschen, die Arbeit hatten, waren in einer *Krankenversicherung*. Wenn sie krank wurden, bezahlte die Krankenversicherung den Arzt und die *Medikamente*. Wenn jemand bei der Arbeit einen Unfall hatte, bezahlte die *Unfallversicherung* die Kosten für den Arzt, das Krankenhaus und die Medizin. In großen Städten bauten Besitzer von Fabriken sogar für die Arbeiter und ihre Familien Wohnungen und Siedlungen, in denen nur die Arbeiter dieser Fabriken wohnen durften. Sie zahlten nur wenig *Miete* dafür.

Die Kaufleute in den Städten verdienten viel Geld, weil es mehr Menschen gab, die sich schöne Kleidung, teure Möbel, wertvolle Teppiche und Gardinen kaufen konnten. Sie kauften und verkauften auch im Ausland Waren, was ihnen viel Geld in die Kassen brachte. In ihren großen, prächtig verzierten Häusern spiegelt sich der Reichtum der Industriellen und der Bürger. Berühmte Maler, Dichter und Schriftsteller der Zeit legen davon Zeugnis ab.

Veränderungen in der Landwirtschaft

Auf den großen Bauernhöfen und *Gütern* wurden immer mehr Maschinen eingesetzt: Es gab Dampfpflüge, die von großen *Lokomobilen* bewegt wurden, Dreschmaschinen, *Bulldogs*. Dadurch verloren immer mehr Landarbeiter ihren Arbeitsplatz. Viele von ihnen zogen in die Städte. Sie hofften, dort in einer Fabrik arbeiten zu können. Aber auch in der Stadt fanden nur diejenigen Arbeit, die fleißig waren und tüchtig anpacken konnten. Reich werden konnten sie in der Stadt nicht.

Für die Kinder, die mit ihren Eltern vom Dorf in die Stadt ziehen mussten, war das Leben in der Stadt schwierig. Sie mussten auch hier für ihre kleinen Geschwister sorgen, wenn die Mütter eine Arbeit in der Fabrik oder in einem Haushalt fanden. Sie hatten nur selten Zeit und wenig Platz zum Spielen. Spielzeug konnten ihre Eltern ihnen nicht kaufen. Es wäre auch kein Platz dafür in den engen Wohnungen gewesen. In einer großen Stadt konnten die Kinder nur in engen Höfen und auf den Straßen spielen. Aber erlaubt war es ihnen nicht. Immer wieder wurden sie von den Erwachsenen vertrieben, weil sie zu viel Lärm machten.

Informationen: Das Kaiserhaus als Vorbild für Adel und Bürger

Die kaiserliche Familie war vor allem für den *Adel* und die wohlhabenden *Bürger* in den Städten sowie auf dem Lande Vorbild. Die festgelegten Rollen von Mann und Frau bestimmten, wie die Kinder erzogen wurden.

Die Mädchen wurden schon früh auf ihre Rolle als Hausfrau und Mutter vorbereitet. Sie trugen Kleider wie ihre Mütter. Sie spielten mit Puppen, Puppenstuben und Kaufmannsladen. Sie lernten, sich anmutig zu bewegen und Regeln für das richtige Benehmen einzuhalten (vgl. Lesetext: „Frau Johanna").

Die Jungen wurden zu Höflichkeit gegenüber Frauen und Mädchen erzogen. Sie lernten aber auch früh, sich für Berufe zu interessieren. Wenn der Vater eine Fabrik oder ein Geschäft besaß, war es selbstverständlich, dass einer der Söhne später die Aufgaben des Vaters übernahm. Deswegen war die Schulbildung umfassender als die der Mädchen: Latein und Griechisch gehörten zu den Unterrichtsfächern, ebenso wie Physik und Chemie, Geografie und Geschichte.

Besaßen die Eltern einen Bauernhof oder ein Gut, wuchs der älteste Sohn selbstverständlich in seine späteren Aufgaben hinein (vgl. Lesetext: „Hoferbe Paul").

Auch die Jungen wurden nach dem Vorbild der Kaiserenkel erzogen.

In dieser Zeit achteten die Eltern darauf, dass ihre Kinder Spielgefährten hatten, deren Eltern genauso lebten wie sie selbst. Wer zu den reichen Leuten gehörte und eine Fabrik, ein großes Gut oder ein großes Geschäft besaß, war miteinander bekannt, und auch die Kinder spielten miteinander und gingen in dieselben Schulen.

Lage und Größe der Wohnungen waren Zeichen der Zugehörigkeit zu der *Oberschicht*: Reiche Leute bauten sich prächtige Häuser in großen Gärten oder an Geschäftsstraßen. *Beamte* und *Angestellte* lebten nicht im Zentrum der Stadt, sondern eher in den Randgebieten. Sie lebten meistens nicht in Häusern, die ihnen gehörten, sondern in Wohnungen, die sie gemietet hatten. Diese Wohnungen hatten mehrere Räume: Küche mit Speisekammer, Wohnzimmer, Esszimmer, zwei oder mehrere Schlafzimmer, Badezimmer und Toilette.

Handwerker und Besitzer kleiner Geschäfte lebten in der Nähe der Stadtzentren. Arbeiter wohnten entweder in von den Besitzern einer Fabrik gebauten Siedlungen oder in großen Häusern, in denen viele Familien lebten. Die Wohnungen hatten wenige Räume. Das Leben der Familien spielte sich vor allem in der meistens etwas geräumigeren Küche ab. In den Wohnungen gab es kein Badezimmer und selten eine eigene Toilette.

Durch diese Abgrenzung hatten die verschiedenen Bevölkerungsschichten wenig Kontakt miteinander. Jeder achtete darauf, dass er seinen Platz in der festgefügten Ordnung nicht verließ. Das gab den Menschen Sicherheit.

Die unterschiedliche Erziehung von Jungen und Mädchen war aber auch in den Familien der Beamten, der Angestellten, der Arbeiter in Stadt und Land üblich. Jungen waren diejenigen, die einmal für eine Familie zu sorgen hatten, während Mädchen sich auf ihre Rolle als Hausfrau und Mutter einstellen mussten.

Informationen: Kaiser Wilhelm II. – Kaiser des Deutschen Reiches

Kaiser Wilhelm II. regierte von 1888 bis 1918 das Deutsche Reich. Sein Großvater Wilhelm I. war nach dem Deutsch-Französischen Krieg 1870/71 in Paris zum Deutschen Kaiser ausgerufen worden. In seiner Regierungszeit schlossen sich der Norddeutsche Bund und die Süddeutschen Staaten zusammen, um gemeinsam stärker zu sein und die Nachbarländer mit dieser Stärke zu beeindrucken.

Ein Krieg vor dem Weltkrieg

1871 wurde der Krieg unter der Führung des Preußenkönigs Wilhelm aus dem Hause Hohenzollern beendet. Der Sieg des Preußenkönigs war mit der Gefangennahme des Französischen Kaisers Napoleon III. errungen worden. Ohne den Kaiser war Frankreich keine *Monarchie* mehr.

Der Ausgang des Krieges bewirkte eine lange andauernde Feindschaft zwischen Deutschland und Frankreich, die schließlich als „Erbfeindschaft" bezeichnet wurde. Bis zum Jahr 1914 lebten die Untertanen des Kaisers in Frieden. Dafür lobten sie den Kaiser und verehrten ihn sehr.

Die Angst der Nachbarstaaten vor zwei verbündeten Kaiserreichen

Nachdem sich das Haus *Habsburg*, das das Kaiserreich Österreich-Ungarn regierte, mit dem Deutschen Kaiserhaus verbündet hatte, entstand in den anderen europäischen Staaten die Angst vor einer Übermacht dieser beiden mächtigen Kaiserreiche. Daher fühlten sich Frankreich, Russland und England bedroht und bildeten gemeinsam eine *Allianz*.

England, Frankreich, Spanien und Portugal hatten schon im 15. Jahrhundert begonnen, in Asien und Afrika *Kolonien* zu gründen, die ihrer Regierung untertan waren.

Der Deutsche Kaiser hatte nicht rechtzeitig erkannt, dass in Kolonien billig *Rohstoffe* gewonnen und an das Mutterland geliefert werden konnten. Auf diese Weise wäre die Macht des Deutschen Reiches vergrößert worden. So jedoch gab es erst seit 1884 deutsche Kolonien. Darum versuchte der Kaiser durch den Krieg 1914–1918 sein Reich innerhalb Europas zu vergrößern. Er vertraute dabei auf die Stärke seiner *Militärs*.

Das Militär des Kaiserreiches fühlte sich 1914 stark genug für einen Krieg. Der Deutsche Kaiser wurde von der *Allianz* Großbritannien-Frankreich-Russland aufgefordert, niemanden aus seiner Familie für die Nachfolge auf dem spanischen Thron vorzuschlagen. Dadurch würde der Einfluss der *Hohenzollern* in Europa zu groß, befürchtete die Allianz. Dazu war das Kaiserhaus jedoch nicht bereit. Schließlich hatte es weniger Kolonien als die anderen Großmächte. Diesen Mangel wollte der Kaiser durch größere Macht in Europa ausgleichen.

Von den Militärs wurde der Kaiser in seinem Plan bestärkt, einen Krieg mit dem Ziel der Vergrößerung seines Reiches und damit seines Einflusses in Europa zu führen. So begann der Kaiser 1914, einen Krieg gegen seine Nachbarstaaten zu führen.

Die Enkelkinder des Kaisers und der Kaiserin

Kaiser Wilhelm II. regiert in Deutschland

Mit dem Jahr 1900 begann das *20. Jahrhundert*. In Deutschland regierte Kaiser Wilhelm II. Die *römische Zahl* hinter seinem Namen bedeutet, dass schon vor ihm ein Kaiser mit dem Namen Wilhelm, nämlich der I. regiert hatte.
Als das *Jahrhundert* begann, war Wilhelm II. schon zwölf Jahre lang Kaiser. Seine Frau, die Kaiserin, hieß Auguste Victoria. Sie hatten sieben Kinder: sechs Söhne und eine Tochter. Die Prinzen und die Prinzessin wohnten mit ihren Eltern hauptsächlich im Berliner Schloss. Das kann man heute nicht mehr besichtigen, weil es im Krieg stark zerstört wurde und die *Ruine* später gesprengt worden ist.

Die kaiserliche Familie

Um das Jahr 1900 waren die ersten Kinder des Kaisers schon erwachsen. Der älteste Sohn des Kaisers und der Kaiserin, Friedrich Wilhelm, war der *Kronprinz*. Der älteste Sohn war das wichtigste Kind. Schon als er auf die Welt kam, stand fest, dass er Kaiser werden sollte, wenn Kaiser Wilhelm II. eines Tages nicht mehr regieren könnte.

1906 wurde das erste Kind des Kronprinzen Friedrich Wilhelm und seiner Frau Cecilie geboren. Es war ein Sohn, seine Eltern gaben ihm den Namen Wilhelm. Wenn Friedrich Wilhelm Kaiser würde, sollte der kleine Prinz Wilhelm Kronprinz werden.
Friedrich Wilhelm ist nicht Kaiser geworden, denn seit 1918 gibt es in Deutschland keinen Kaiser mehr.

So lebten Prinz Wilhelm und seine Geschwister

Im Laufe der Zeit bekam Prinz Wilhelm drei Brüder und zwei Schwestern. Die kleinen Prinzen und Prinzessinnen wurden, bis sie sieben Jahre alt waren, von *Kindermädchen* betreut und erzogen. Die Kindermädchen weckten sie morgens, wuschen oder badeten sie, kleideten sie an, achteten darauf, dass sie frühstückten. Sie spielten mit ihnen, passten auf sie auf. Am Abend brachten die Kindermädchen den Prinzen und seine Geschwister zu Bett. Wenn ein kleiner Prinz oder eine kleine Prinzessin in der Nacht einmal aufwachte, schlecht träumte oder krank war, kam das Kindermädchen, um das Kind zu trösten und zu beruhigen.

Die Kleidung der Kinder

Es war für Kinder umständlich, sich allein anzuziehen. Ihre Kleidung sah genau so aus wie die der Erwachsenen: Die Jungen trugen Anzüge wie der Vater, die Mädchen Kleider mit Schleifen und Rüschen und langen Röcken wie die Mutter. Ganz kleine Mädchen und Jungen waren nicht an der Kleidung zu unterscheiden, denn die Jungen trugen bis zum Alter von zwei oder drei Jahren Kleider wie die Mädchen.

Gutes Benehmen

Die Kinder aßen nicht gemeinsam mit ihren Eltern. Sie hatten ein eigenes *Speisezimmer*. Ihre Kinderfrauen achteten darauf, dass sie lernten, sich beim Essen richtig zu verhalten:

- das Besteck richtig anzufassen,
- mit dem richtigen Besteck zu essen,
- nur kleine Bissen zu nehmen und langsam zu essen,
- nicht beim Essen zu schmatzen und zu kleckern,
- eine Serviette zu benutzen,
- bei Tisch nur zu sprechen, wenn sie gefragt wurden.

Außerdem lernten sie auch, wie sie sich gegenüber den Erwachsenen verhalten sollten. Bei der Begrüßung machten die Jungen einen Diener. Sie sahen den Erwachsenen an, reichten ihm die rechte Hand, sagten „Guten Tag" und verbeugten sich gleichzeitig beim Sprechen. Die Mädchen hingegen lernten, einen Knicks zu machen: Sie hielten sich aufrecht, schauten den Erwachsenen an, reichten die Hand, sagten „Guten Tag".
Sie stellten ihre Füße wie zu einem Schritt hintereinander und knickten dann ein wenig in den Knien ein.

Urlaub am Meer

Im Sommer verreiste die Familie mit Kindermädchen, Köchin, *Stubenmädchen* und *Dienern*. Die Reisen führten an die Ostsee. Dort bewohnte die Familie während des ganzen Sommers ein großes Haus.
Eltern und Kinder waren viel an der frischen Luft, badeten im Meer und spielten im Sand. Es gab Fahrräder zu bestaunen. Männer und Frauen, die mit dem Fahrrad fahren konnten, wurden sehr bewundert. Fahrräder für Kinder gab es aber noch nicht.

Spiele und Spielzeug

Die Prinzen und Prinzessinnen kannten keine anderen Kinder. Sie spielten nur mit Kindern, die zu ihrer Familie gehörten. Das Schloss, in dem die Kronprinzen-Familie lebte, war von einem schönen Park umgeben. An den Toren des Parks standen Wachsoldaten. Sie passten auf, dass niemand, der nicht zur Familie gehörte, in den Park hineinging. Deshalb konnten die Kinder im Park ohne ihre Kindermädchen herumtoben und an der frischen Luft spielen.

In ihren großen Zimmern war viel Platz. Die Mädchen spielten mit ihren Puppen und Puppenstuben. *Gesellschaftsspiele* bereiteten ihnen ebenfalls Vergnügen.
Die Prinzen beschäftigten sich gern mit ihren bunt bemalten *Zinnsoldaten*. Im Zimmer der Prinzen gab es aber auch eine Ritterburg, ein Schaukelpferd und Steckenpferde. Ein Karussell aus Blech, das sich dreht, wenn es aufgezogen wird, und Baukästen waren dort ebenso zu finden.

Unterricht für die Kinder des Kaisers und des Kronprinzen

Sobald die Kinder richtig sprechen konnten, lernten sie außer Deutsch auch Englisch oder Französisch.

Die Prinzen und Prinzessinnen gingen nicht in eine Schule. Ihre Lehrer kamen in das Schloss. Sie unterrichteten die Kinder im Lesen, Schreiben und Rechnen. Sie sorgten dafür, dass die Prinzen und Prinzessinnen alles das lernten, was andere Kinder in der Schule lernten. Sie lernten außerdem, richtig auf einem Pferd zu sitzen, damit sie Ausritte machen konnten. Weil die Prinzessinnen immer Kleider tragen mussten, die so ähnlich aussahen wie die der erwachsenen Frauen, konnten sie nur im *Damensitz* auf den Pferden sitzen. Das Pferd trug einen Damensattel, der es den Prinzessinnen erlaubte, mit beiden Beinen auf derselben Seite des Pferdes zu sitzen. Die Prinzessinnen lernten, Bilder zu malen, zu singen und Klavier zu spielen. Das lernten die Prinzen nicht.

Wenn ein kleiner Prinz seinen siebten Geburtstag gefeiert hatte, wurde er nicht mehr von Frauen, sondern nur noch von Männern erzogen. Die Prinzen wurden von ihren Lehrern in Latein und Griechisch unterrichtet. Sie übten, mutig, tapfer, sportlich und Beschützer der Mädchen zu sein. Schon früh lernten sie, sich wie ein Soldat zu benehmen: Ordnung zu halten, genau zuzuhören und zu tun, was ihnen befohlen wird, anderen zu helfen und für ihr Land zu kämpfen.

2.2 Ziele der Einheit: Kinderleben in der Stadt

Lesen

Die Kinder

- erlesen sich je nach Lesefertigkeit den gesamten Text oder einen oder mehrere kurze Abschnitte des Textes selbstständig;
- helfen einander beim Erlesen und Verstehen eines Textes. Gute Leser helfen schwachen Lesern;
- lernen, sich die Bedeutung einzelner unbekannter Wörter aus dem Glossar, einem Lexikon oder aus dem Internet zu erschließen;
- bearbeiten die ihnen gestellten Aufgaben einzeln oder in Partnerarbeit;
- lernen, miteinander über die Texte zu sprechen und sie in Bezug zur Gegenwart zu setzen;
- geben Aussagen der Texte mit eigenen Worten wieder.

Schrift und Schreiben

Die Kinder

- schreiben unbekannte Wörter auf und versuchen, selbst eine Worterklärung zu formulieren;
- lernen die Schrift kennen, die Kinder zu Kaisers Zeiten in der Schule schrieben;
- versuchen, eigene Schriftproben nach der Vorlage zu erstellen, um zu erfahren, wie mühsam es ist, diese Schrift zu erlernen;
- schreiben mit Stahlfeder, Federhalter und Tinte einen eigenen Text, um nachzuvollziehen, welche Schwierigkeiten die Kinder jener Zeit zu meistern hatten;
- verfassen Geschichten zu den jeweiligen Abbildungen, die den Text illustrieren;
- erarbeiten Dialoge auf der Grundlage der Lesetextes.

Geschichte

Die Kinder bekommen durch die Berichte von Frau Johanna, Herrn Ulrich, Meta und Paul Einblicke in das Leben von Kindern sehr unterschiedlicher Gesellschaftsschichten. Sie erfahren:

- Kontakte der Kinder untereinander wurden durch die Abgrenzung der unterschiedlichen Bevölkerungsschichten gegeneinander weitgehend unterbunden.
- Die Herkunft entschied in der Regel allein über den Lebensweg eines Kindes.
- Kinder aus der Oberschicht bekamen eine gute Schulbildung.
- Jungen aus der Oberschicht hatten mehr und andere Unterrichtsfächer als Mädchen. Ihre Schulbildung war auf die geschlechtsspezifische Rollenverteilung in der Gesellschaft ausgerichtet, wenngleich Mädchen gelegentlich schon das Ablegen der Reifeprüfung genehmigt wurde.
- Kinder aus der Mittel- und Unterschicht wurden in der Schule in den Kulturtechniken und in Religion unterwiesen, während sie außerhalb der Schule das lernten, was sie in ihrem Erwachsenenleben brauchten.
- Kinder hatten keine Rechte, sondern nur Pflichten.

Rollenspiele

Auf der Grundlage der Berichte der Zeitzeugen entwickeln die Kinder selbst Rollenspiele und machen die Unterschiede zum Kinderleben heute sichtbar.

Museumsbesuche

An vielen Orten gibt es in ehemaligen Schulen Schulmuseen mit originaler Schulausstattung. Dort stehen oft auch Museumsführer zur Verfügung, die Unterricht in altem Stil vorführen.

Für Kinder der heutigen Zeit ist es sehr interessant, einmal Unterricht nach den strengen Regeln und Ritualen der Kaiserzeit kennenzulernen. Auf diese Weise werden sie angeregt, ihr eigenes Schulleben zu reflektieren.

Soziale Ziele

Die Kinder

- lernen, im Team zu arbeiten;
- helfen einander beim Erlesen schwieriger Wörter oder Textabschnitte;
- akzeptieren, dass jedes Kind in der Gruppe einen Beitrag zur Arbeit leistet, indem es seinen Fähigkeiten und Fertigkeiten entsprechend arbeitet;
- diskutieren über die Vorgehensweise bei der Erfüllung gemeinsamer Arbeiten;
- lernen, einander zuzuhören;
- klären gemeinsam unbekannte Wörter und nutzen dabei sowohl das Glossar als auch andere ihnen zur Verfügung stehende Medien.

Informationen: Kindheit in der Kaiserzeit

Eine feste Ordnung wird von den Untertanen des Kaisers eingehalten

Vor dem 1. Weltkrieg war die gesellschaftliche Ordnung fest gefügt. Hohe *Beamte* als Beschäftige des Staates, Ärzte, Apotheker, Rechtsanwälte, Menschen, die lange zur Schule gegangen waren und danach studiert hatten, bildeten die *Oberschicht* der Stadtbewohner. Sie verdienten genug Geld, um nicht nur ihre Familie zu ernähren, sondern auch anderen Menschen Arbeit zu geben.

Zur *Mittelschicht* gehörten selbstständige Kaufleute, Handwerker, kleine Beamte, Lehrer, Besitzer kleiner Privatschulen – Menschen, die sich einen kleinen Besitz, z. B. ein Ladengeschäft, einen Handwerksbetrieb, eine Privatschule – erarbeitet oder geerbt hatten.

Zur *Unterschicht* gehörten z. B. Waschfrauen, Stubenmädchen, Straßenkehrer, Dienstboten, Kaufmannsgehilfen ebenso wie Fabrikarbeiterinnen und -arbeiter, die jede Woche Lohn bekamen, den ihre Arbeitgeber ihnen in einer Tüte aus Papier, der Lohntüte, auszahlten.

Die Stadtbewohner wohnen nach Schichten getrennt

Es gab in den Städten Straßen oder Stadtteile, in denen nur Menschen der Oberschicht wohnten. Die *Angehörigen* der Mittelschicht lebten in der Nähe der Oberschicht, aber doch deutlich davon getrennt. Die Wohnungen der Arbeiter waren mehr in der Nähe der Fabriken zu finden.

Die Dienstboten nahmen eine Sonderstellung ein: Viele von ihnen lebten in kleinen Kammern bei ihrer Dienstherrschaft. Dann standen sie jederzeit für die Arbeit bereit. Andere lebten dagegen in den Arbeiter-Wohngebieten.

Die Menschen hatten Freunde und Bekannte nur dort, wo sie wohnten. So kamen Menschen aus der Unterschicht nicht mit denen aus der Oberschicht zu Gesprächen oder zu Festen zusammen. Jeder wusste genau, an welchen Platz er gehörte.

Rangordnung und Aufgaben der Dienstboten in Haushalten der Oberschicht

Die Hilfskräfte im Haus waren die „Dienstboten“ oder „das Personal“. Die Dienstboten durften das Haus nur durch einen Seiteneingang betreten. Ebenso die Boten von Geschäften, die Waren ins Haus brachten. Sie sprachen und arbeiteten miteinander, aber auch bei den Dienstboten gab es eine *Rangordnung*.

Die *Kinderfrau* war diejenige, die den engsten Kontakt zur Familie hatte. Sie betreute die Kinder, erzog sie und war immer für die Kinder da. Sie sorgte dafür, dass die Kinder regelmäßig draußen waren. Sie durften dort aber nicht herumtoben und rennen, sondern nur spazieren gehen. Die feine Kleidung der Kinder war für bewegte Spiele nicht geeignet: die langen, mit Spitzen verzierten Kleider, die Hüte, die Matrosenanzüge der Jungen und die hohen Schnür- oder Knöpfstiefel erlaubten es den Kindern nicht, ausgelassene Spiele zu wagen.

Die nächste wichtige Person war die *Wirtschafterin*. Mit ihr besprach die Hausfrau den Speiseplan, die Einkäufe für den Haushalt und den Einsatz der anderen Beschäftigten. Gab es keine Wirtschafterin, war die Köchin die wichtigste Person.

Die *Küchen*- und *Stubenmädchen* bekamen von der Hausfrau, der Wirtschafterin oder der Köchin ihre Arbeit zugeteilt. Die jungen *Hausmädchen* waren immer diejenigen, die von allen anderen ihre Arbeit zugeteilt bekamen.

Lange Zeit war für den Hausherrn der Kutscher der wichtigste Dienstbote. Er spannte die Pferde vor den Wagen und fuhr den Hausherrn oder die Hausfrau. Er pflegte und versorgte die Pferde. Sobald der Hausherr sich ein Auto anschaffte, brauchte er einen *Chauffeur*, der wusste, wie es zu fahren war und welche Pflege das Auto brauchte. Nicht selten musste der Kutscher lernen, ein Automobil zu steuern, damit er nicht arbeitslos wurde. Dann war er der Chauffeur.

Die Erziehung der Kinder

Für die Erziehung der Kinder war in den reichen Bürgerfamilien die Kinderfrau zuständig. Es war selbstverständlich, dass sie wusste, wie Kinder sich zu benehmen hatten. Für die Regeln des guten Benehmens und für richtiges Verhalten im Umgang miteinander galt die kaiserliche Familie als Vorbild. Es gab dort immer jemanden, der genau aufschrieb, was erlaubt und was verboten war.

Die Kinder sollten viel lernen

Frau Johannas Eltern legten großen Wert auf die Ausbildung ihrer Kinder. Sie sollten nicht mit vielen Kindern gemeinsam unterrichtet werden. Jungen und Mädchen besuchten nicht die gleiche Schule.

Eltern, die genug Geld hatten, schickten ihre Kinder auch aus einem anderen Grund in eine Privatschule: Hier begegneten sich Kinder, die zu

Hause ähnlich lebten. Die Eltern der Mädchen und Jungen kannten einander. So lernten und spielten sie nur mit den Kindern, die den Eltern angenehm waren.

Es gab auch um die Jahrhundertwende junge Frauen, denen gestattet wurde, an einer *Universität* zu studieren. Es erforderte aber besondere Anstrengungen dieser Frauen, weil sie in den *Töchterschulen* nicht dasselbe lernten wie die jungen Männer in ihren Schulen. Junge Frauen mussten sich mit Hilfe von Privatunterricht das erforderliche Wissen erarbeiten. Sie mussten in einer Prüfung beweisen, dass sie genau so viel gelernt hatten wie die jungen Männer.

Kinder hatten keine Rechte

Es war nicht festgelegt, bis zu welchem Alter ein Kind besonders beschützt werden musste. Es war auch nicht genau bestimmt, bis zu welchem Alter Menschen als Kind galten. Erst sehr viel später wurde genau bestimmt: Jeder Mensch, der nicht *volljährig* ist, ist ein Kind. Niemand hatte bisher darüber nachgedacht, dass Kinder nur unter dem Schutz und der Fürsorge der Erwachsenen zu starken, selbstbewussten Menschen heranwachsen.

Kinder reicher Leute hatten genau so wenige Rechte wie Kinder armer Leute. Sie mussten den Eltern gehorchen – egal, was die Eltern ihnen sagten. Wenn sie nicht taten, was die Eltern von ihnen verlangten, bestraften die Eltern sie hart. Sie bekamen Schläge, bekamen zur Strafe nichts zu essen oder wurden eingesperrt.

Kinder aus der Oberschicht wie Frau Johanna durften sich ihre Spielgefährten nicht selbst aussuchen. Wenn ein Kind reiche Eltern hatte, durfte es nicht mit den Kindern der armen Leute spielen, und umgekehrt wollten auch die armen Eltern nicht, dass ihr Kind mit dem der reichen Leute spielte.

Die Eltern bestimmten, welchen Beruf ihre Kinder erlernen sollten. Kinder durften ihren Eltern nicht widersprechen und mussten immer das tun, was die Eltern ihnen vorschrieben. Wenn der Vater Arzt oder Rechtsanwalt war, war es selbstverständlich, dass einer der Söhne denselben Beruf ergreifen musste.

Die Eltern der jungen Männer und Frauen bestimmten sogar, wen sie heiraten durften und wen nicht. Manchmal besprachen die Eltern das schon, wenn die Kinder noch klein waren.

Frau Johanna erzählt aus ihrer Kindheit

Frau Johanna ist fast 95 Jahre alt.
Sie erzählt gern von der Zeit, in der sie ein Kind war.

Meine Familie

Als mein Vater gerade Zahnarzt geworden war, durfte er meine Mutter heiraten. Damals gaben die Eltern den beiden jungen Menschen die Erlaubnis zur Heirat. Wenn die Eltern meinten, der Mann sei nicht der passende Ehemann für ihre Tochter oder die Frau sei nicht die Richtige für ihren Sohn, erlaubten sie die Heirat nicht.
Meine Mutter hatte von ihrer Tante das Haus *geerbt*, in dem mein Vater seine Praxis und meine Mutter die gemeinsame Wohnung einrichten konnte. In diesem Haus sind meine Geschwister und ich geboren worden. Wir waren fünf Kinder. Ich bin 1910 geboren, habe zwei Brüder und zwei Schwestern. Meine Schwestern sind jünger als ich, meine Brüder etwas älter. Wir hatten immer ein *Kinderfräulein*, das auf uns aufpasste, uns wusch und ankleidete, mit uns spielte und am Nachmittag mit uns spazieren ging.

So wohnten wir

Wir wohnten in einem sehr großen Haus. Unsere Küche lag im Keller, weil die Familie und die Gäste nicht durch Gerüche aus der Küche und das Klappern von Töpfen und Geschirr gestört werden sollten. Der Keller war hoch aus der Erde herausgebaut, damit durch die Fenster Tageslicht in die Küche einfallen konnte. Die Speisekammer, ein weiterer Vorratsraum, der Kartoffelkeller und der Kohlenkeller waren auch dort unten. Deshalb war das *Parterre* auch von der Straße her nur über eine breite Treppe zu erreichen. Weil es hoch über der Straße lag, nannte man es *Hochparterre*. Dort öffnete sich die Haustür von der Treppe her auf die *Diele*. Meine Mutter ging nicht selbst an die Tür, wenn es klingelte. Das war Aufgabe des ältesten *Stubenmädchens*. Es ließ die Besucher herein, fragte nach ihren Namen und ihrem Wunsch, bat sie, in der Diele Platz zu nehmen und zu warten. Es benachrichtigte meine Mutter, die dann kam, um die Besucher zu empfangen.
Von der Diele führten Türen in das Speisezimmer und in die beiden Wohnzimmer, die „Kleines Wohnzimmer" und „Salon" genannt wurden. Im *Salon* hielten wir uns nur auf, wenn meine Eltern Gäste eingeladen hatten oder wenn Familienfeste gefeiert wurden. Die Männer gingen nach dem Essen in das *Herrenzimmer*. Nur dort durften sie rauchen. Das kleine Wohnzimmer war an jedem Abend der Treffpunkt der ganzen Familie.
Wir saßen alle um den Tisch herum. Während meine Mutter Handarbeiten ausführte, erzählten Vater und wir Kinder, was wir am Tag erlebt hatten.
Außer diesen Zimmern gab es das Wartezimmer und das Behandlungszimmer der Zahnarztpraxis meines Vaters.

Im ersten Stock lagen das Schlafzimmer und das *Ankleidezimmer* meiner Eltern. Das Badezimmer nebenan war mit einer großen Badewanne, die auf Löwenpfoten stand, einem *Waschtisch* und einer Toilette ausgestattet. Das Schlafzimmer für uns drei Mädchen lag auf der anderen Seite des Badezimmers. Außerdem befanden sich hier zwei große Gästezimmer. Weil das Reisen damals umständlich und schwierig war, blieben Gäste meistens mehrere Wochen zu Besuch. Sie sollten es bei uns so bequem haben wie möglich.
Unter dem Dach lagen viele kleine Zimmer. Meine Brüder hatten hier jeder eine kleine Dachkammer.
Die beiden Küchenmädchen und auch die beiden jungen Stubenmädchen teilten sich je eine kleine Kammer. Darin standen ein breites Bett, in dem beide Mädchen schliefen, zwei Hocker und eine kleine Kommode für die Kleidung. In einem Ständer hatten sie eine Waschschüssel mit einer Wasserkanne, unter dem Bett stand ein *Nachttopf*.

Das älteste Stubenmädchen, das uns auch das Essen servierte, hatte ein Zimmer für sich allein. Unsere Kinderfrau bewohnte das größte Zimmer unter dem Dach, in dem es auch einen Ofen gab. Wenn eines von uns Kindern krank war, schlief sie hinter einem Vorhang mit im Kinderzimmer. Die Köchin wohnte nicht bei uns.

Die Zimmer der Kinder
Meine Schwestern und ich bewohnten gemeinsam ein großes Zimmer. Jede hatte ihr eigenes Bett. Es war auch Platz für zwei Kleiderschränke. Natürlich wohnten unsere Puppen bei uns im Zimmer. Unser Zimmer war sehr hübsch mit weißen Möbeln und hellen, luftigen Vorhängen ausgestattet.

Die Dachkammern meiner Brüder waren nur mit einem Bett, einem Stuhl und einem Schrank ausgestattet. Im Winter war es dort sehr kalt, weil es keinen Ofen gab. Für Schularbeiten und zum Spielen gab es ein extra Zimmer im ersten Stock. Hier konnten wir alle spielen, wenn meine Brüder mit ihren Schulaufgaben fertig waren. Die Jungen beschäftigten sich mit ihren *Zinnsoldaten*, ihrer Eisenbahn und, als sie etwas größer waren, auch mit Autos aus Blech. Mit den Steinbaukästen haben wir gemeinsam Schlösser und Häuser gebaut. Das Bild auf jedem Holzkasten, in dem die Steine aufbewahrt wurden, zeigte, was für ein Gebäude wir damit errichten konnten. Dabei mussten wir gut zusammen arbeiten, damit alles richtig wurde.

Wir Mädchen spielten meistens mit unseren Puppen und auch mit unseren Puppenstuben. Meine Puppenstube war ein *Salon*. Meine Schwestern hatten eine Puppenküche, ein Puppenschlafzimmer und ein Geschäft, in dem es Stoffe, Knöpfe und bunte Bänder zu kaufen gab. Damit mochten die Jungen nicht spielen.

Unsere Kleidung

Als ich ein Kind war, gab es keine Kinderkleidung zu kaufen. Für meine Brüder und für uns Schwestern wurde die Kleidung von einer Schneiderin oder einem Schneider angefertigt.

Im Sommer trugen wir helle Kleidung: Wir Mädchen zogen Kleider an, die bis über die Waden reichten und mit Schleifen und Spitzen verziert waren. Große Haarschleifen hielten unsere langen Haare zusammen. Die fast bis zur Wade reichenden Knöpfstiefel hießen so, weil sie tatsächlich mit Knöpfen geschlossen wurden. Unsere Kleider wurden aus leichten, hellen Stoffen genäht. Im Winter mussten sie jedoch aus warmem, dunklem Stoff sein.

Unsere Alltagskleider waren aus weniger feinen Stoffen als die Sonntagskleider. Im Haus und in den ersten Schuljahren auch in der Schule trugen wir zum Schutz unserer Kleider eine Schürze. Im Winter mussten wir uns warm anziehen, weil nur die Zimmer, aber nicht die Flure im Haus geheizt waren. Wir Mädchen trugen unter unseren Kleidern dicke Unterröcke und dunkle gestrickte Strümpfe. Bevor wir aus dem Haus gingen, zogen wir einen Mantel, Schuhe oder Stiefel an. Es war unfein, ohne Hut oder Mütze nach draußen zu gehen. Um unsere Hände warm zu halten, trugen wir Mädchen eine Kordel um den Mantelkragen, an der ein *Muff* aus Kaninchenfell hing. Die Jungen hatten Fausthandschue.
Meine Brüder bekamen in jedem Frühjahr und in jedem Herbst neue Matrosenanzüge, zu denen auch eine Matrosenmütze gehörte. Für den Winter bekamen sie zwei Matrosenanzüge aus dunkelblauem, für den Sommer aus weißem Stoff. Ihre Hosen reichten bis etwas über das Knie, sodass ihre hohen Knöpfstiefel und in der kalten Jahreszeit darüber auch ihre dunklen langen Strümpfe zu sehen waren. Auch wenn die steifen Matrosenblusen mit ihren großen Kragen im Sommer zu warm waren und die Jungen darin schwitzten, durften sie kein Kleidungsstück ausziehen.

Sonntag
Die Sonntage verbrachte unsere Familie gemeinsam. Bei schönem Wetter fuhr die ganze Familie ins Grüne – mit dem von unseren beiden braunen Pferden gezogenen Kutschwagen. Die Köchin packte frisch gebackenes Brot, Butter, Wurst, *Pasteten*, Schinken, Getränke und süße Leckereien sowie ein großes weißes Tischtuch und Servietten für ein Picknick in einen großen *Henkelkorb*. Manchmal fuhren auch mehrere befreundete Familien mit uns gemeinsam aus. Nach dem Essen spielten Kinder und Erwachsene Spiele wie *„Eins, zwei drei, das letzte Paar vorbei“*, *„Kiekebusch“* oder „Blinde Kuh“. An diese Vergnügen erinnere ich mich noch heute gern.

Wer in unserem Haus lebte und arbeitete
In dieser Zeit verdienten meistens die Männer das Geld, das die Familie zum Leben brauchte, z. B. als *Beamte* des Kaisers, als Bankdirektor, Arzt, Zahnarzt, Apotheker oder als Kaufmann. In diesen Berufen verdienten die Männer auch so viel Geld, dass sie sich Bedienstete für den Haushalt leisten konnten.

Meine Mutter war für die Führung des Haushaltes verantwortlich und für die Kindererziehung. Sie musste darauf achten, dass es im Haus ordentlich und sauber aussah und dass genügend Lebensmittel in den Vorratsräumen lagerten.
Sie besprach mit der Köchin, was es zu essen geben sollte. Wie andere Frauen verbrachte meine Mutter viel Zeit damit, Besuche bei anderen Damen zu machen oder selbst Besuch zu empfangen.

Die *Küchenmädchen* halfen der Köchin bei ihrer Arbeit: Sie putzten und schnitten nach Anweisung der Köchin das Gemüse und die Kartoffeln. Sie wuschen nach jeder Mahlzeit das Geschirr ab, räumten es an seinen Platz und sorgten dafür, dass die Küche sauber und ordentlich aussah.

Die beiden *Hausmädchen* achteten darauf, dass die silbernen Bestecke, Schüsseln und Geräte immer glänzten, dass die Wäsche sauber und sorgsam gemangelt und gefaltet in den Schränken lag und dass die Stubenmädchen ihre Arbeiten ordentlich verrichteten.

Die *Stubenmädchen* mussten im Herbst und im Winter schon um 5 Uhr morgens mit der Arbeit beginnen und die kalte Asche aus den Öfen holen. Diese kippten sie in die Aschetonne hinter dem Haus. Danach heizten sie die Öfen. Schließlich sollte die Familie die Schlaf- und Wohnräume schon beim Aufstehen gemütlich warm vorfinden. In großen Häusern gab es viele Öfen – in jedem Zimmer einen –, die auch während des Tages immer wieder mit Holz oder Kohlen versorgt werden mussten. Auf den Fluren war es dagegen im Herbst und im Winter immer kalt und ungemütlich, weil es dort keine Öfen gab. Waren die Mädchen mit der Versorgung der Öfen fertig, mussten sie jeden Tag alle Zimmer reinigen: Sie lüfteten die Zimmer. Die *Fußbodendielen* schrubbten sie mit Wasser und einer harten Bürste. Die Teppiche bürsteten sie mit einer weichen Bürste ab, die Möbel und die Bilder staubten sie ab. Tischdecken schüttelten sie draußen aus und legen sie wieder auf. Es gab noch keinen Staubsauger. Alle Arbeiten mussten gründlich und schnell mit der Hand ausgeführt werden.

Wenn die Familie aufstand, war es die Aufgabe eines Stubenmädchens, warmes Wasser in das Badezimmer zu bringen, damit sich alle waschen konnten. Eine Dusche gab es noch nicht, aber immerhin hatten wir schon ein Badezimmer.

Zwei Waschfrauen und die Bügelfrau kamen alle drei Wochen ins Haus. Deren Aufgabe war es, die schmutzige Wäsche zu waschen, zu spülen, auf Leinen zu hängen oder auf die *Bleiche* zu bringen, nach dem Trocknen zu mangeln, zu falten oder zu bügeln und sie den Hausmädchen zum Einräumen in die Schränke zu geben. Wenn es einmal besonders viel Wäsche gab, halfen die Hausmädchen auch beim Mangeln und Bügeln.

Unterricht für Jungen

Frau Johanna erzählt etwas über Schule in ihrer Kindheit.

Meine Eltern schickten uns Kinder in kleine Privatschulen. Jungen und Mädchen besuchten verschiedene Schulen. Dort wurden nur wenige Kinder unterrichtet. Meine Brüder besuchten eine Schule, in der nur Jungen unterrichtet wurden. Sie gingen von ihrem sechsten Geburtstag an vier Jahre in diese Schule, in der es nur 14 Kinder gab. Die Jungen lernten das Lesen und Schreiben, wurden in Mathematik, aber auch in Geschichte und Englisch unterrichtet. Nach vier oder fünf Jahren wechselten sie auf ein Gymnasium, wo sie außerdem Unterricht in Physik, Chemie, Latein und Griechisch hatten. Sie lernten stillzusitzen, nur zu reden, wenn sie gefragt wurden, Ordnung zu halten und genau das zu tun, was ihnen gesagt wurde. Sie mussten viel auswendig lernen und durften dem Lehrer keine Fragen stellen.

Jungen lernten viel mehr als Mädchen, damit sie einen Beruf erlernen oder studieren konnten. Sie sollten als erwachsene Männer das Geld für ihre Familie verdienen. Schließlich waren nur die Männer dafür verantwortlich, dass es der Familie gut ging. Wenn ein Lehrer merkte, dass ein Junge gut lernen konnte und fleißig war, riet er den Eltern, ihn auf eine *Höhere Schule* gehen zu lassen. Dann konnte er zum Beispiel Lehrer, Apotheker, Pastor oder Arzt werden.

Unterricht für Mädchen

Von den Mädchen aus wohlhabenden Familien wurde nicht erwartet, dass sie einen Beruf erlernten, um damit Geld zu verdienen. Sie sollten vor allem gut darauf vorbereitet werden, einen Mann zu heiraten, ihm den Haushalt zu führen, ein Haus schön einzurichten und Kinder zu erziehen. Meine Schwestern und ich besuchten eine Privatschule für Mädchen. Sie gehörte Frau von Schult und lag in einer Nebenstraße, in der Nähe meines Elternhauses.

Es gab nur einen großen Klassenraum, in dem außer Schulbänken auch ein Klavier stand. Wir waren 17 Mädchen, das jüngste Mädchen war fünf, das älteste zwölf Jahre alt. Frau von Schult setzte die Kinder, die dasselbe Alter hatten, zusammen. In jeder Bank saßen vier Mädchen nebeneinander. Die Bank war mit dem Tisch verbunden, deshalb war es nicht bequem, darin zu sitzen.

Wir lernten lesen, ordentlich und richtig schreiben, ein bisschen rechnen und Handarbeiten anzufertigen. Religionsunterricht hatten wir an jedem Tag.

Daneben lernten wir Mädchen malen, singen und tanzen.

Meine Eltern legten Wert darauf, dass wir Musikunterricht erhielten: Nachdem mein Vater ein Klavier gekauft hatte, gingen wir jede Woche zu Fräulein Wunderlich zur Klavierstunde. Meine Mutter konnte sehr gut Klavier spielen.

Herr Ulrich erinnert sich

Herr Ulrich wuchs in einer kleinen Stadt auf.
Dort wurde er mit sechs Jahren in die *Volksschule* eingeschult. Er erzählt:

So wurde ich erzogen

Ich hatte keine Geschwister. Meine Eltern, besonders mein Vater, waren sehr streng mit mir und ich musste immer gehorchen. Was auch mein Vater und meine Mutter anordneten, hatte ich zu tun. Meine Mutter war nicht ganz so streng mit mir wie mein Vater. Die erste Regel, die ich lernen musste, war: Kinder haben den Mund zu halten. Sie reden nur, wenn Erwachsene sie etwas fragen.
Auch bei Tisch, also bei den Mahlzeiten, durfte ich nicht sprechen. Natürlich musste ich immer meinen Teller leer essen, egal, ob ich das Essen mochte oder nicht. Immer wieder wurde ich ermahnt, beim Essen gerade zu sitzen. Ich musste mich so benehmen wie die Erwachsenen. Vergaß ich zum Beispiel, dass ich nicht beim Essen sprechen durfte oder in welche Hand ich die Gabel und in welche ich das Messer nehmen musste, wurde ich *getadelt*.
Vor dem Essen musste ich mir die Hände waschen. Die Fingernägel hatten natürlich sauber zu sein, aber das war nicht so einfach. Bei uns – wie in den meisten Wohnungen – gab es kein Badezimmer und auch kein fließendes Wasser. Es gab nur eine Schüssel, in die ein wenig Wasser geschüttet wurde. Ich tauchte meine Hände in das Wasser, seifte sie dann gründlich ein und bearbeitete die Fingernägel mit einer harten Bürste. Zum Schluss spülte ich meine Hände in der Waschschüssel ab. Das schmutzige Wasser trug ich zum *Ausguss*.

Meine ersten Schuljahre

Als ich im ersten Jahr zur Schule ging, trugen alle Mädchen und Jungen über ihrer Kleidung eine Schürze. Dadurch blieb unsere Kleidung sauber und wurde geschont.
Die Schürze der Jungen war mit zwei Trägern und Knöpfen auf dem Rücken geschlossen. Anders als die Schürzen der Mädchen hatte die der Jungen eine große Tasche vor dem Bauch. Das war sehr praktisch, denn in dieser Tasche konnte ich gut meine Schätze aufbewahren: ein kleines Taschenmesser, Bindfaden, kleine Steine und auch ein Taschentuch. Das Taschentuch war aber nie lange sauber, weil auch Dinge in der Tasche waren, die ich draußen fand: eine Vogelfeder oder einen alten, rostigen Nagel. Die Schürzen der Mädchen waren größer und schöner als die Jungenschürzen. Auf dem Rücken wurden die Schürzenbänder mit einer großen Schleife zugebunden.

Lesetext: Herr Ulrich 2

In der Schule ging es bei uns ebenfalls sehr streng zu. Wir waren 46 Kinder in der ersten Klasse. Der Lehrer saß vor der Klasse an seinem *Katheder*. Das war ein besonderer Tisch, der erhöht auf einem *Podest* stand. Dahinter stand ein Stuhl, auf dem nur der Lehrer sitzen durfte.

Als ich zur Schule kam, hatte ich noch keine Hefte in meinem Schulranzen. Alle Kinder schrieben und rechneten auf einer *Schiefertafel*. Schiefer ist ein ziemlich weiches, schwarzes Gestein. Jede Schiefertafel hatte einen Rahmen. Wie ein Bilderrahmen fasste er die Schieferplatte ein. Auf einer Seite waren Schreiblinien, auf der anderen Seite waren Rechenkästchen zu sehen. Mit *Schiefergriffeln* schrieben wir darauf. Der Griffel hinterließ weiße Spuren auf der Tafel. Wenn sie vollgeschrieben war und der Lehrer es nachgesehen hatte, wischten wir mit einem feuchten Schwamm das Geschriebene weg. Nach dem Abtrocknen konnten wir wieder darauf schreiben.

Wir mussten von der Tafel Wörter oder Sätze abschreiben. In der Rechenstunde mussten wir Rechenaufgaben abschreiben und rechnen. Dabei durften wir nicht mit unseren Banknachbarn sprechen und auch nicht zu ihnen hinsehen. Wenn die Aufgabe fertig war, hoben wir unseren Zeigefinger und warteten, bis der Lehrer uns aufrief. Dann mussten wir uns hinstellen und sagen: „Herr Lehrer, ich bin fertig mit der Aufgabe."

„Komm nach vorn und zeige mir deine Arbeit", sagte er dann.

Wenn alles sauber und richtig gemacht war, durfte man sich wieder hinsetzen. Anschließend konnten wir unsere Tafel abwischen und eine neue Aufgabe beginnen. Hatten wir aber Fehler gemacht oder schlecht geschrieben, schimpfte der Lehrer und wischte alles von der Schiefertafel. Alles musste noch einmal geschrieben oder gerechnet werden. Entdeckte der Lehrer dann wieder Fehler oder die Aufgabe war schlecht geschrieben, gab es mit dem *Rohrstock* einen Schlag auf die Finger. Das tat sehr weh.

Jungen und Mädchen saßen nicht zusammen: Die Bankreihen waren in der Mitte durch einen Gang getrennt. Auf einer Seite saßen nur Jungen, auf der anderen Seite nur Mädchen. Vorn mussten bei uns die Kinder sitzen, die nicht gut lernen konnten. Die guten Schülerinnen und Schüler saßen ganz hinten. So war schon an den Plätzen zu erkennen, wer ein guter und wer ein schlechter Schüler war.

Wenn wir in der Schule gegen Regeln verstoßen hatten, wurden wir sofort bestraft. Sobald wir am Morgen das Klassenzimmer betreten hatten, mussten wir an unseren Platz gehen und still warten, bis der Lehrer oder die Lehrerin hereinkam.
In der zweiten Klasse begannen wir in Heften zu schreiben – zuerst mit einem Bleistift, später mit Tinte und *Federhalter*.

An einem Morgen war ich, als der Lehrer die Klasse betrat, noch bei meinem Freund an dessen Platz, um ihm etwas Wichtiges zu erzählen. Der Lehrer entdeckte mich, ich wurde bestraft: Zur Strafe musste ich am Nachmittag eine mehrere Seiten lange Geschichte aus dem Lesebuch in mein Heft abschreiben – sauber und ohne Fehler.

2.3. Ziele der Einheit: Kinderleben auf dem Land

Die Kinder erfahren in dieser Einheit,
- wie Kinder zu Kaisers Zeiten in den Dörfern lebten;
- welche Aufgaben schon sehr kleinen Kindern übertragen wurden;
- dass Lernen vornehmlich an außerschulischen Lernorten stattfand;
- dass Kinderspiel von den Eltern für überflüssig gehalten wurde, weil es immer für Kinder und Erwachsene Arbeit gab;
- dass Kinder keine Freizeitvergnügen kannten.

Sie vergleichen:
- Kinderleben in der Stadt und auf dem Dorf zu Kaisers Zeiten;
- dörfliches Kinderleben früher und heute;
- Kinderleben zu Kaisers Zeiten und Kinderleben in Entwicklungsländern;
- ihr eigenes Leben mit dem der Protagonisten.

Die Arbeitsblätter in Form von Kopiervorlagen geben Anregungen für schriftliches und mündliches, am Text orientiertes Arbeiten.

Die Informationen zur Geschichte dienen interessierten Kindern ebenso wie den Lehrkräften als Erweiterung oder zur Unterstützung der in den Lesetexten gemachten Angaben.

Informationen: Kinderleben auf dem Land

Überblick

Bei den Menschen in kleinen oder großen Dörfern richtet sich ihr Leben nach den Gegebenheiten der Natur. Der Lauf der Jahreszeiten bestimmt, welche Arbeiten sie in Feld und Garten, Haus und Hof verrichten müssen. Jede Jahreszeit fordert die Bauern und Landarbeiter auf andere Art.

Der Zeitpunkt der Arbeiten auf Feldern und in Gärten wird von der Natur mitbestimmt: Solange Schnee auf den Feldern liegt, Frost den Boden hart macht oder Wasser auf den Feldern steht, kann keine Feldarbeit ausgeführt werden. Wenn die Feldfrüchte, das Getreide oder Obst und Gemüse reif sind, müssen sie geerntet und richtig gelagert werden, damit sie nicht verderben.

Dorfbewohner waren auf einander angewiesen

Wer einen großen Bauernhof hatte, war im Dorf angesehen. Die Bauern, die einen kleinen Bauernhof besaßen, halfen oft auf dem großen Hof, wenn es viel zu tun gab: im Frühjahr bei der *Feldbestellung*, im Sommer während der Heuernte und danach bei der Getreide- und Kartoffelernte. Dafür lieh ihnen der Besitzer des großen Hofes Pferde oder Ackergeräte, damit sie ihre eigene kleine Landwirtschaft auch versorgen konnten.

Kinderarbeit

Auf den kleinen und mittleren Bauernhöfen war es selbstverständlich, dass die ganze Familie mitarbeitete. Der Bauer teilte die Arbeit ein. Jedes Familienmitglied wusste dann, welche Aufgaben es hatte.

Auf den Höfen lebten die Großeltern, die unverheirateten Geschwister des Bauern und viele Kinder: Sechs bis zehn Kinder waren keine Seltenheit. Die Kinder bekamen, auch wenn sie erwachsen waren, kein Geld für ihre Arbeit. Schon mit drei, vier Jahren wies ihnen die Mutter Arbeit zu. Die Kleinen fütterten die Kaninchen oder die Hühner. Bei der Obst- und Beerenernte lernten sie bald, welche Beeren reif waren und welche noch nicht gepflückt werden durften. Je größer die Kinder wurden, desto schwerer mussten sie arbeiten.

Fremden Arbeitskräften musste der Bauer Lohn zahlen und ihnen auch eine bestimmte Menge Lebensmittel wie Getreide, Gemüse und Ähnliches geben. Das Geld sparte er, wenn nur die Familie auf dem Hof arbeitete.

Gab es mehr Töchter als Söhne auf einem Hof, war es nicht selten, dass die Töchter nicht heiraten durften. Sie wurden als billige Arbeitskräfte gebraucht. Sobald sie nämlich verheiratet waren, zogen sie zu ihrem Mann und arbeiteten für ihn und seine Familie.

Bildung und Ausbildung der Kinder

Auf dem Lande wurde es meistens nicht für wichtig gehalten, dass die Kinder eine gute Schulbildung erhielten. Alles, was sie für ihr Leben auf dem Bauernhof wissen und können mussten, lernten sie zu Hause. Es reichte den Eltern, wenn die Kinder rechnen und ein bisschen lesen konnten. Großen Wert legten sie jedoch darauf, dass die Kinder Religionsunterricht hatten, in dem sie Geschichten aus der Bibel hörten, die Gebote, das Glaubensbekenntnis und viele Kirchenlieder auswendig lernten.

Hoferben

Der älteste Sohn erbte in vielen Regionen den Bauernhof von seinem Vater. Die Eltern, die nicht mehr schwer arbeiten konnten, lebten auf dem *Altenteil* und hatten die Verantwortung für den Bauernhof an den Sohn abgegeben. Es war genau festgelegt, welche Lebensmittel die *Altenteiler* bekamen, welche Kleidung und wie viel Platz zum Wohnen ihnen zustand.

Unverheiratete jüngere Geschwister des Bauern arbeiteten als Landarbeiter und Landarbeiterinnen für ihren Bruder auf dem elterlichen Hof. Sie hatten keine Rechte und mussten ihrem ältesten Bruder gehorchen. Sie wurden nicht anders von ihm behandelt als die Landarbeiter aus dem Leutehaus.

Dorfgemeinschaft

Das Leben in den Dörfern war ein Leben in einer engen Gemeinschaft. Alle Dorfbewohner kannten einander. Sie waren, anders als in der Stadt, oft auf die Hilfe ihrer Nachbarn angewiesen.

Sollte ein Kind auf die Welt kommen, musste die Hebamme oder der Arzt meistens aus einem anderen Dorf oder aus der Stadt kommen. Das dauerte oft so lange, dass das Kind schon geboren war, bevor Arzt oder Hebamme ankamen. Deshalb war dann die Hilfe einer erfahrenen Nachbarin notwendig. Sie war schnell zur Stelle.

Wenn im Dorf ein Haus brannte, halfen alle Dorfbewohner bei den Löscharbeiten. Sie waren – egal ob es am Tag oder in der Nacht brannte – immer in ihrem Dorf und hatten keinen langen

Weg, um zu helfen. Da es noch keine strengen Feuerschutz-Bestimmungen gab, brannte es häufiger als heute.

Bei Gewitter hatten die Dorfbewohner große Angst. Es kam häufig vor, dass der Blitz in Gebäude einschlug und sie in Brand setzte. Die Hausbewohner saßen bei nächtlichem Gewitter oder Sturm angekleidet zusammen in der Küche. Wichtige Papiere hatten sie bei sich.

Das Vieh in den Ställen wurde losgebunden. So konnte es bei Feuer schnell aus den Ställen getrieben werden. Die Tiere waren ihr wertvollster Besitz und wurden immer zuerst in Sicherheit gebracht.

Natürlich gab es auch Gelegenheiten, miteinander zu feiern: Hochzeiten, Taufen, Königsschuss – jede Gegend hat ihre eigenen Feste, die in den Dörfern von allen Bewohnern zum Teil noch heute gemeinsam gefeiert werden.

Wetterbeobachtung

Am Anfang der 20. Jahrhunderts lebten die Menschen in ihren Dörfern naturverbunden. Die Landwirte waren schon immer sehr vom Wetter abhängig. Es gab keine tägliche Wettervorhersage. Die Bauern beobachteten das Wetter genau. Sie lernten schon als kleine Kinder von ihren Vätern, welche Wetterzeichen es gibt. Sie beobachteten den Himmel, den Wind, die Sterne genau und konnten daraus schließen, welches Wetter zu erwarten ist.

Einige alte Bauernregeln sind heute noch bekannt und haben Jahrhunderte lang als Hilfe für die Vorhersagen gedient. Hier nur zwei Beispiele dafür:

Morgenrot – schlecht Wetter Bot'!
oder
Ist der Maien kühl und nass,
füllt's dem Bauern Scheun' und Fass!

Winter

Im Winter waren auf dem Lande Arbeiten wichtig, für die im Frühjahr, Sommer und Herbst keine Zeit war. Die Männer reparierten die Häuser, Ställe, Scheunen. Die Ackergeräte, die Wagen, die Pferdegeschirre wurden in Stand gesetzt. Bei all diesen Arbeiten halfen die Jungen den Männern.

Wenn größere Reparaturen zu machen waren, wurden auch Handwerker aus dem Dorf zur Hilfe geholt: der *Stellmacher*, der neue Wagen und Wagenräder baute, oder der Sattler, der das Pferdegeschirr flickte oder neues anfertigte.

Mit dem Einsatz von Traktoren und *Dampfpflügen* auf großen Feldern mussten die Männer auch diese Maschinen pflegen oder reparieren, damit sie immer funktionierten.

Die Frauen waren mit dem Ausbessern der Kleidung beschäftigt, aber auch mit dem Weben, um daraus neue Handtücher, Betttücher oder Tischdecken anzufertigen. Dabei halfen auch die Frauen und Mädchen aus den Leutehäusern mit. Singen und Geschichtenerzählen stärkte die Gemeinschaft.

Frühjahr

Im Frühjahr wurden die Pferde angespannt. Mit ihnen pflügten und eggten die Männer den Boden, bevor sie Getreide säten oder Kartoffeln oder Rüben pflanzten. Sie arbeiteten draußen, solange es zum Arbeiten hell genug war.

Die Frauen lockerten den Boden im Gemüsegarten, legten Beete an, säten Gemüse- und Kräutersamen. Immer wieder zogen sie in den folgenden Wochen und Monaten das Unkraut aus der Erde, damit die Gemüsepflänzchen besser wachsen konnten.

Sommer

Im Sommer begann die Erntezeit. Zuerst wurde das Heu geerntet. Die Männer mähten das Gras der Wiesen, auf denen das Vieh noch nicht geweidet hatte. Die Frauen und Mädchen wendeten das Gras, damit es gleichmäßig trocknete. War es trocken genug, harkten sie es zusammen. Danach wurde es auf *Leiterwagen* auf den Hof gefahren und unter dem Dach der Viehställe gelagert. Im Spätherbst und im Winter fraßen Kühe und Pferde davon.

Die Nester, in die die Hühner ihre Eier legten, bekamen ein weiches Polster aus dem Heu.

Im Frühling und im Sommer kamen viele Tierkinder zur Welt: Hühner-, Enten- und Gänseküken schlüpften aus den Eiern. Kaninchen, Ferkel, Fohlen und Kälber wurden geboren. Auch kleine Hunde und Katzen bevölkerten die Ställe im Dorf.

Die Jungen und Mädchen passten auf, dass die Kleintiere immer versorgt wurden. Für die Ferkel, Fohlen und Kälber waren jedoch die Erwachsenen zuständig.

Sobald das Getreide – die Gerste, der Roggen, der Weizen, der Hafer – reif war, musste es gemäht werden. Die Männer schwangen die Sensen, auf großen Bauernhöfen gab es vielleicht schon eine von Pferden gezogene Mähmaschine.

Die Frauen banden aus einem Arm voll Getreidehalmen eine *Garbe*. Wenn sie 16 bis 20 Garben gebunden hatten, stellten sie sie mit den Ähren so gegeneinander, dass lauter „Dächer" aus Getreidegarben auf den Feldern standen. Der Wind zog durch die Garben und trocknete sie. Nach ein paar Tagen zogen die Pferde große Leiterwagen auf die Felder. Zwei Frauen waren auf dem Wagen beschäftigt. Sie stapelten die Garben, die ihnen die Männer mit *zweizinkigen Forken* entgegen streckten, sorgfältig und gerade hoch hinauf. Wenn sie gerade geladen hatten, kam die Fuhre sicher auf dem Hof an. Auf den unebenen Wegen mit tiefen Fahrspuren musste der Kutscher die Pferde vorsichtig führen, damit der Wagen nicht umstürzte.

Schulkinder hüteten dann auf abgeernteten Wiesen Kühe, Schafe oder Ziegen und auf den Getreidefeldern Gänse.

Herbst

Ein wichtiges Fest im Jahreslauf war das *Erntedankfest*. Es wurde von allen Dorfbewohnern gemeinsam gefeiert, nachdem die Ernte eingebracht wurde. Morgens traf man sich in der Kirche oder auf einem Bauernhof im Dorf zum Gottesdienst oder zur Heiligen Messe. Am Abend wurde ausgelassen gefeiert und getanzt.

Während der dunklen Jahreszeit trafen sich benachbarte Familien, um gemeinsam alte oder neue Geschichten zu erzählen und zu hören. Die Frauen waren dabei nicht untätig: Sie spannen und webten. Das waren die Tätigkeiten, bei denen das Licht einer Petroleumlampe ausreichte. Elektrisches Licht gab es erst sehr vereinzelt.

Bei allem waren die Kinder immer dabei. Sie wurden in alles einbezogen, sobald sie allein laufen konnten. Wenn die Erwachsenen aus dem Haus gingen, nahmen sie die Kinder mit. Wenn aber die Großeltern im Hause waren, übernahmen sie die Aufsicht über die Kinder.

Meta

Vieles spielte sich auf den großen Bauernhöfen ganz ähnlich ab. Dort konnte jedoch nicht die gesamte Arbeit von den Familienmitgliedern bewältigt werden, weil es riesige Ackerflächen und große Kuhherden, viele Schweine und Pferde zu versorgen gab.

Wie das Leben der Landarbeiter und ihrer Familien aussah, die fest auf einem großen Bauernhof im Leutehaus lebten, erfahren wir von Meta. Hier herrschte eine große gegenseitige Abhängigkeit: Die Bauern brauchten zuverlässige Arbeitskräfte in Haus und Hof. Sie sorgten für ihre Leute, um deren Arbeitskraft möglichst lange zu erhalten.

Zwar waren die Landarbeiter sehr arm, aber wenn sie schon lange auf einem Hof wohnten und arbeiteten, bedeutete das für sie Sicherheit. Die lange Zugehörigkeit ließ in ihnen das Verantwortungsgefühl bei der Arbeit wachsen. Die Menschen aus dem Leutehaus wussten, dass ihr Platz genau dort ist. Schon ihre Eltern und Großeltern hatten bei einem Bauern gearbeitet und im Leutehaus gewohnt.

Für ein Mädchen war es ein großer Fortschritt, wenn es mit 13 oder 14 Jahren von der Bäuerin an eine befreundete Familie in der Stadt *empfohlen* wurde. Dort lernte es die Arbeit im Stadthaushalt kennen. Wenn das Mädchen sich *anstellig* zeigte, konnte es sich in vielen Jahren vom Küchenmädchen oder Stubenmädchen zur *Wirtschafterin* hocharbeiten. War die Hausfrau jedoch nicht zufrieden, wurde das Mädchen bald wieder aus dem Haus gejagt. Dann blieb ihm nur der Weg zurück in das Dorf – und die Hoffnung als Magd bei einem Bauern Arbeit zu finden.

Meta aus dem *Leutehaus*

Meta stellt sich und ihre Familie vor

Ich heiße Meta Heine, bin 1903 geboren. In Deutschland regierte Kaiser Wilhelm II. Er wohnte in Berlin in seinem Schloss. Meine Eltern Wilhelm und Martha Heine haben auf einem großen *Gutshof* gewohnt und gearbeitet. Sie bekamen insgesamt zwölf Kinder. Ich war das älteste Kind. Fast jedes Jahr bekam ich eine Schwester oder einen Bruder. Der Besitzer des Gutshofes gab jeder Landarbeiterfamilie eine kleine Wohnung und ein kleines Stück Land. Die Wohnungen für die Arbeitsleute lagen im *Leutehaus*. Es stand ein Stück vom Gutshaus entfernt, damit vornehme Besucher der *Gutsherrschaft* uns nicht sahen.

Im Leutehaus wohnten alle Landarbeiter mit ihren Familien. Jede Familie hatte eine eigene Eingangstür. Dahinter lag die Küche mit ihrer großen gemauerten Kochstelle, die im Winter zugleich die einzige Heizung in der Wohnung war. In der Küche spielte sich das ganze Familienleben ab: das Essen, das Zusammensitzen am Abend, zum Teil auch das Schlafen. In einer Ecke der Küche stand bei uns sogar ein großes Bett. Darin schliefen wir fünf Mädchen.
Hinter der Küche gab es noch einen kleineren Raum. Darin schliefen die Eltern und immer meine zwei kleinsten Geschwister. Der Platz reichte gerade für ein großes Bett und eine Truhe, in der es nicht viel Kleidung aufzubewahren gab.
Die größeren Jungen kletterten jeden Abend die Leiter zum Dachboden hinauf. Dort lagen Strohsäcke, auf denen sie schliefen. Immer zwei Jungen teilten sich eine Decke. Wenn es dort oben im Winter sehr kalt war, behielten sie ihre Kleidung an und krochen dicht zusammen, damit sie ihre Decken übereinander legen und sich gegenseitig wärmen konnten.

Wovon wir lebten

Für die Wohnung im Leutehaus und das Stück Land musste mein Vater kein Geld bezahlen. Das Stück Land war gerade so groß, dass wir selbst Kartoffeln und Kohl anbauen konnten. Am *Feldrain* standen große Apfel- und *Zwetschgenbäume*. Wenn die Früchte reif waren, konnten wir und die anderen Familien sie im Herbst ernten. Getreide – meistens Roggen – bekamen wir im Herbst vom Gutsherrn. Das brachten wir auf einem Handwagen zur Mühle, damit der Müller es zu Mehl mahlte.

Alle Familien im Leutehaus bekamen neben Wohnung, Acker und Getreide auch noch Feuerholz vom Gutsherrn. Sie sammelten im Wald die Äste und Zweige der gefällten Bäume und fällten gekennzeichnete dünne Bäume. Die Väter bekamen für die Arbeit auf dem Gutshof wenig Geld. Davon musste das gekauft werden, was nicht in und auf der Erde wuchs: Nähnadeln und Nähgarn, Salz, Schulhefte und Bleistifte für die Schulkinder. Wenn jemand krank war und Kräutertee nicht half, mussten auch der Arzt und die Medizin davon bezahlt werden. Neue Kleidung und Schuhe konnten unsere Eltern nicht davon kaufen, weil beides zu teuer war.

Die Arbeit der Erwachsenen

Mein Vater war zuerst *Pferdeknecht*. Er musste die Pferde füttern und pflegen, den Stall ausmisten, das Pferdegeschirr putzen und in Ordnung halten. Der Gutsherr sah, dass Vater gut mit den Pferden umgehen konnte. Nach einigen Jahren, als ich schon längst aus der Schule war, wurde der alte Kutscher krank. Da wurde mein Vater Kutscher und mein Bruder wurde mit 14 Jahren, als er aus der Schule kam, Pferdeknecht.
Mutter half im Gutshaus in der Küche. Sie arbeitete 10 bis 12 Stunden am Tag. Nur am Sonntagnachmittag hatte sie frei. Wenn Mutter und Vater spät am Abend nach Hause kamen, waren sie müde.

Kinderleben

Schon mit sechs Jahren passte ich auf meine kleinen Geschwister auf und musste im Haus helfen. Ich holte Wasser von der Pumpe auf dem Hof. Im Herbst grub ich Kartoffeln auf dem Feld aus, die Oma dann kochte. Abends gab es meistens Pellkartoffeln mit Salz zu essen. Wenn wir ein Huhn geschlachtet hatten, gab es am Sonntag auch einmal Fleisch. Fast jeden Tag gab es Suppe zu essen: Der große Kochtopf stand immer auf dem Herd, damit die Suppe warm gehalten wurde. Wir aßen am Tag nicht alle gemeinsam. So fand jeder, der kam, etwas Warmes zu essen.

Morgens gab es ein Stück Brot für jeden, im Herbst nach der Apfelernte auch manchmal mit Apfelmus. Dazu tranken wir Kaffee, der aus gerösteter *Gerste* gekocht wurde. Wir Kinder aus dem Leutehaus hatten kein Spielzeug. Wir brauchten auch keines, denn wir hatten selten Zeit zum Spielen. Sobald wir laufen und sprechen konnten, machten wir dasselbe wie die Erwachsenen: Wir arbeiteten, jeder nach seinen Kräften.

Im Sommer, wenn es lange hell war, konnte es vorkommen, dass wir mit den vielen Kindern aus dem Leutehaus mal Verstecken spielten oder ein *Kreisspiel* machten.
Wir badeten nie, konnten uns nur in der Küche in einer Waschschüssel waschen. In einem Anbau neben der Waschküche waren mehrere Toiletten. In die Toilettentüren war immer ein Herz gesägt, durch das etwas Licht in das dunkle Häuschen fiel.

Kinderkleidung

Wir trugen nur Kleidung, die uns jemand geschenkt hatte. Weil wir viele Kinder zu Hause waren, passten die Kleidungsstücke immer einem von uns. Aber jedes Kind hatte nur wenig Kleidung. Auch unsere Eltern besaßen nur die Kleidung, die sie gerade trugen, und etwas Besseres, das viele Jahre als Sonntagskleidung diente.
Im Winter zogen wir mehrere Kleidungsstücke übereinander an. Ein Kopftuch oder eine Mütze schützte uns vor der Kälte, aber an den Füßen trugen wir nur *Holzpantinen*.
Mein erstes gutes Kleid habe ich zu meiner *Konfirmation* bekommen.

Meine Brüder hatten immer halbe Hosen an. Sie reichten bis kurz über die Knie. Die Jungen trugen sie im Sommer wie im Winter. Wenn es im Winter kalt war, mussten die Jungen, genau wie die Mädchen, lange gestrickte Strümpfe anziehen, damit die Beine nicht kalt wurden. Mit einem Band wurden sie über dem Knie festgebunden. Über dem alten, meistens viel zu großen Hemd hatten die Jungen im Winter eine Jacke an. Sobald im Frühjahr die Sonne den Boden wärmte, zogen wir unsere Holzpantinen und Strümpfe aus. Dann gingen wir barfuß – bis im Herbst der Frost kam. Jedes Jahr guckten wir, wer es am längsten ohne Holzpantinen und Strümpfe aushielt.

Meine Schulzeit in der Dorfschule

Mit sieben Jahren kam ich in die Schule. Unser Lehrer war schon alt. Meine Mutter war auch schon bei ihm in die Schule gegangen.

Unsere Dorfschule hatte nur ein einziges Klassenzimmer. Immer sechs Kinder saßen in einer Bank. Alle Kinder hatten zusammen Unterricht. Wir waren 58 Kinder in einem Klassenraum. Wer nicht leise war oder freche Sachen sagte oder dummes Zeug machte, bekam vom Lehrer Schläge mit einem Stock. Die kleineren Kinder lernten lesen, schreiben und rechnen. Jeden Tag hatten wir Religionsunterricht.

Ich bin gern in die Schule gegangen. Weil ich meine Aufgaben in der Schule immer ordentlich gemacht habe, hat der Lehrer nie mit mir geschimpft. Die Großen mussten oft auf uns Kleine aufpassen, damit wir die Aufgaben machten und nicht träumten.
Ich hatte keine Zeit für die Schularbeiten, weil ich nach der Schule schon immer bei anderen Leuten arbeiten musste.

Meine Eltern fanden es nicht wichtig, dass Mädchen in der Schule das Lesen, Schreiben und Rechnen lernten. Sie dachten: Mädchen heiraten ja doch. Dann müssen sie wissen, wie ein Haushalt geführt wird, und kochen, nähen und Gartenarbeit machen. Aber als sie gesehen haben, dass mir das Lernen Freude macht, durfte ich regelmäßig zur Schule gehen.

Im Winter kamen jeden Tag alle Kinder zum Unterricht. Im Frühjahr, Sommer und Herbst kamen nicht immer alle. Sie mussten bei der vielen Arbeit in der Landwirtschaft helfen: Gänse oder Kühe hüten, bei der Heuernte oder auf einem Bauernhof in der Küche helfen. Wer arbeiten konnte, bekam dort auch etwas Essen und brauchte nicht zu Hause zu essen.

Ich hatte nur wenige Schulsachen: Eine *Schiefertafel* war das wichtigste. Sie hatte an einer Seite in ihrem Holzrahmen ein Loch. Durch dieses Loch zog man ein Band. Damit wurden ein trockener und ein nasser Lappen an der Tafel festgebunden. Wir schrieben mit einem *Griffel* auf der Tafel. Er war auch aus Schiefer. Wenn ich mich verschrieben hatte, wischte ich es einfach mit dem nassen Lappen weg, trocknete die Stelle mit dem anderen Lappen und schrieb das Richtige hin. Später schrieben wir auf Schreib- und Rechenpapier. Wir lernten mit Tinte und *Federhalter* zu schreiben. War an der Schreibfeder zu viel Tinte, gab es manchmal einen hässlichen Tintenklecks auf dem Papier.

Nur zweimal im Jahr hatten wir schulfrei: einmal am 27. Januar, am Geburtstag des Kaisers. Dann wurde im Dorf die Straße geschmückt, und alle Leute hatten ihre besten Kleider an. Wir mussten dann immer das Lied „Heil dir im Siegerkranz" singen. Das haben wir schon in der ersten Klasse auswendig gelernt.
Der zweite freie Tag war der 2. September, der Sedanstag. An diesem Tag wurde daran erinnert, dass Deutschland im Jahre 1870 den Krieg gegen Frankreich gewonnen hatte. In jedem Jahr gingen die Kinder und die Erwachsenen hinaus aus den Städten und Dörfern und spielten die Schlacht wie ein großes Theaterstück nach.

Hoferbe Paul stellt sich vor

Man schrieb das Jahr 1903, als ich geboren wurde. Ich war der erste Sohn meiner Eltern Paul und Minna. Deswegen bekam ich den Namen meines Vaters, Paul. Der erste Sohn war derjenige, der den Bauernhof erbte, wenn der Vater starb.
Meine Mutter, die aus einer feinen Familie stammte und *auf den Hof geheiratet* hatte, legte Wert darauf, dass ihre Kinder gut erzogen wurden. Wichtig war ihr Sauberkeit: Ich durfte zwar draußen und in den Ställen überall herumlaufen und wurde dabei natürlich schmutzig. Abends musste ich mich aber ordentlich waschen.
Weil ich immer mehr Geschwister bekam, hatte meine Mutter bald weniger Zeit für mich. Insgesamt wurden neun Kinder geboren, aber nur sechs davon blieben am Leben. Mutter sah jeden Abend nach, ob ich sauber gewaschen und mit geputzten Zähnen im Bett lag. War sie zufrieden, setzte sie sich an mein Bett, und wir sprachen gemeinsam das *Abendgebet*.

Mutter sagte meinen Geschwistern und mir von Anfang an, was wir nicht durften:

- reden, ohne gefragt zu werden,
- frech oder unfreundlich zu anderen Menschen sein,
- uns mit unseren Geschwistern oder mit anderen Kindern prügeln.

Unser Bauernhof

Unter dem großen Dach unseres Hauses war viel Platz: Die Eltern hatten ein geräumiges Schlafzimmer. Wir Kinder teilten uns immer zu zweit ein Zimmer. Es war eingerichtet mit zwei Betten, einem Kleiderschrank und einem Tisch mit zwei Stühlen.
Im großen *Salon* fanden mindestens 25 Leute Platz. Ein Esszimmer und ein *Herrenzimmer* gehörten auch mit dazu. Dunkle und reich verzierte Möbel standen in den Räumen.

Die Küche war riesengroß. Auf dem Küchenherd fanden mehrere große Töpfe und Pfannen Platz. Es musste für viele Leute gekocht werden. In der Küche wurde auch jeden Tag der große Tisch gedeckt, an dem unsere Familie und alle, die bei uns arbeiteten, Platz hatten. Neben der Küche gab es eine Speisekammer, in der es immer verlockend nach Mettwurst und geräuchertem Schinken duftete. In *Tontöpfen* lagerte Mutter das Brot, Marmelade und Honig wurden in großen *Steintöpfen* aufbewahrt. Von der Küche führte ein langer, schmaler Gang nach draußen. An diesem Gang lag eine ganze Reihe von Räumen, die *„Leutestuben"*. Dort schliefen die *Knechte* und *Mägde*, die am Abend nicht nach Hause gingen.

Von der Dorfstraße aus führt ein breiter Weg zum Wohnhaus. Zu einem Bauernhof gehören außer dem Wohnhaus auch Ställe für die Schweine, Kühe, Pferde, Hühner, Enten und Gänse. Das Großvieh war auf der linken Seite des breiten Weges in einem Stall untergebracht, das Geflügel dahinter im niedrigen, langgestreckten Geflügelhaus.

Auf der rechten Seite des Zufahrtsweges gab es eine riesige Scheune für die Erntevorräte. Im Winter wurde darin auch das Getreide *gedroschen*. Eine weitere Scheune war nur für die *Ackerwagen* und Arbeitsgeräte da. Dort waren sie geschützt vor dem Winterwetter. In einer Ecke gab es eine Werkstatt, in der wir im Winter unsere Geräte reparieren und pflegen konnten.

Tagesablauf

Am Morgen stand ich auf, sobald meine Eltern sich für den Tag fertig machten. Vater und ich gingen zuerst gemeinsam in den Stall. Als ich noch nicht sicher laufen konnte, trug er mich auf dem Arm. Wir guckten, ob der *Schweizer* schon mit dem Melken angefangen hatte. Er war mit einigen Mägden längst bei der Arbeit. Die Milch wurde in der Milchkammer durch ein Sieb in große Kannen gegossen.
Der Pferdeknecht hatte die Pferde schon gefüttert und gestriegelt. Das Pferdegeschirr hing vorn im Stall und glänzte prächtig. Der Pferdeknecht brachte es jeden Abend auf Hochglanz.
Wir ließen die beiden Kutschpferde aus dem Stall in die *Koppel*. Sie wurden noch nicht so früh gebraucht. Ich weiß noch, es waren zwei prächtige *Rappen*. Für sie hing Geschirr mit *Messingbeschlägen* in der Kammer.
Inzwischen hatten die beiden Mägde das Geflügel aus den Ställen herausgelassen und versorgt: Die Hühner, Enten und Gänse bekamen Körnerfutter und frisches Wasser. Als sie Vater und mich sahen, kamen die Gänse mit gespreizten Flügeln heran: Sie wussten, dass sie von mir immer etwas altes Brot bekamen.
Nach dem ersten Rundgang gingen Vater und ich in die Küche. Bald kamen der Schweizer, die Knechte und Mägde herein. Dann gab es ein kräftiges Frühstück für alle: Milchsuppe, gebratene Eier, Mettwurst, Speck, Butter und Brot. Dazu tranken sie *Malzkaffee* oder Tee aus Früchten, die meine Mutter gesammelt und getrocknet hatte. Jeden Tag saßen bei uns ungefähr 18 Personen am Tisch. Gut gestärkt machten sich dann alle an die Arbeit, die mein Vater ihnen zuteilte.

Längst bevor ich in die Schule kam, wusste ich überall auf unserem Hof Bescheid. Ich war immer bei den Männern. Mein Vater und die *Knechte* passten auf, dass mir nichts passierte. Sie sagten mir, an welche Pferde ich nicht so dicht herangehen sollte, weil sie manchmal unruhig waren. Meine liebsten Pferde waren unsere schweren *Kaltblüter*. Ich konnte ihre weichen *Nüstern* streicheln, sie waren immer ruhig und vorsichtig mit mir.

Egal, ob sie in ihren *Boxen* standen oder angespannt waren: Wenn ich mit ihnen sprach, schnaubten sie leise und senkten ihren Kopf, damit ich sie kraulen konnte. Auf dem Feld und bei der Arbeit im Wald spürte ich ihre Stärke.
Ich passte auf, dass ich mit dem Milchkutscher Franz fahren konnte. Franz fuhr in die Stadt zur *Molkerei*. Dort wurden die großen Milchkannen in große Milchwannen ausgeleert. Gegen Mittag waren wir wieder zu Hause. Die aus der Molkerei mitgebrachte Sahne wurde zu Butter verarbeitet: Im kühlen Keller stand dann eines der Mädchen am *Butterfass* und *butterte*.

Bis ich vier Jahre alt war, konnte ich mir aussuchen, was ich machen wollte. Je älter ich wurde, desto mehr erfuhr ich von meinem Vater über die verschiedenen Arbeiten, die auf unserem Hof anfielen.

Kinderarbeit

Ich begann schon als kleines Kind, das zu lernen, was ich mein Leben lang brauchen würde. Meine jüngeren Geschwister – vier Schwestern und ein Bruder – wurden auch daran gewöhnt, überall mit anzufassen. Im Herbst war es die Aufgabe der jüngsten Schwestern, das Vieh zu hüten: Die Kleinste musste auf dem *Stoppelfeld* unsere Gänse hüten. Dort fraßen die Gänse die Getreidekörner, die aus den *Ähren* herausgefallen waren. Als unser kleinster Bruder laufen konnte, ging er auch mit zum Gänsehüten. Die älteren Zwillinge Paula und Frieda hüteten die Kühe und hatten damit genug zu tun, da Kühe neugierig sind und gern auf die Felder und Wiesen der Nachbarn gehen. Zeit für Spiele hatten wir nicht.

Meine Schwestern lernten schon als kleine Mädchen, sich im Haushalt und in der Küche an der Arbeit zu beteiligen. Als Paula und Frieda acht Jahre alt waren, gingen sie jeden Tag mit in den Kuhstall, um beim Melken zu helfen. Meine Schwester Maria war etwas schwach und oft krank. Sie lernte früh, das Essen zu kochen. Als Maria zehn Jahre alt war, konnte sie schon Milchsuppe kochen oder am Abend für die vielen Leute Bratkartoffeln zubereiten. Mutter hatte Angst, ihr zu viel zuzumuten, deswegen überredete sie den Vater, Maria länger als die anderen Kinder zur Schule gehen zu lassen. Der Vater war damit einverstanden. So kam sie in die nächste Stadt. Sie wohnte gemeinsam mit mehreren Mädchen aus anderen Familien in einer *Pension* und besuchte mit ihnen gemeinsam die *Höhere Töchterschule*.

Schulzeit

Über meine Schulzeit gibt es nicht viel zu sagen. Die Kinder des Dorfes besuchten die Dorfschule. Dort saßen alle Kinder von 6 bis 14 Jahren zusammen in einem Raum. Der Schulraum lag direkt neben der Lehrerwohnung. Wenn wir Pause hatten und auf dem Hof tobten, ging der Lehrer zum Frühstück in seine Küche.

Jeden Tag hatten wir Unterricht im Schreiben, Lesen und Rechnen. Die Älteren hatten auch Naturgeschichte, Erdkunde und Geschichte. Turnen und Biblische Geschichte hatten alle Kinder gemeinsam, ebenso Singen. Natürlich war es gut, dass wir vieles lernten. Aber das, was wir Jungen und Mädchen für unser Leben auf dem Dorf brauchten, lernten wir nach der Schule am Nachmittag: die Mädchen die Haus- und Gartenarbeit, die Jungen die Landarbeit.

Die Enkelkinder des Kaisers

Du hast viel über das Leben der Prinzessinnen und Prinzen erfahren.

- Suche dir mehrere Arbeitspartner.
- Lest gemeinsam den Text.
- Wechselt euch beim Vorlesen ab und helft euch gegenseitig.
- Unterstreicht im Text, wonach ihr fragen wollt.
- Sprecht über den Text und schreibt auf:

Das gefällt uns:

Das gefällt uns nicht:

Das wundert uns:

Familienbild der kaiserlichen Familie

Schau dir das Bild genau an.
Der Herr in der Mitte ist der Kaiser.
Der älteste Junge ist der Kronprinz, den du in der Geschichte kennengelernt hast.

Erzähle eine Geschichte zu dem Bild und schreibe sie auf.

Leben wie eine Prinzessin oder ein Prinz

1. Vergleiche das Zuhause der Prinzessinnen und Prinzen mit deinem Zuhause.
Überlege, was dir am wichtigsten ist und schreibe es auf.

2. Stelle dir vor, du kannst mit den Prinzessinnen und Prinzen tauschen.
Würdest du es tun?
Begründe deine Entscheidung.

Spiele und Spielzeug

1. Du kannst dir deine Spielkameraden aussuchen.
Wie war es bei den Enkelkindern des Kaisers?

2. Vergleiche den Raum zum Spielen und die Spielsachen mit deinem Spielzeug.

3. Mit welchen Spielsachen hättest du gern gespielt?

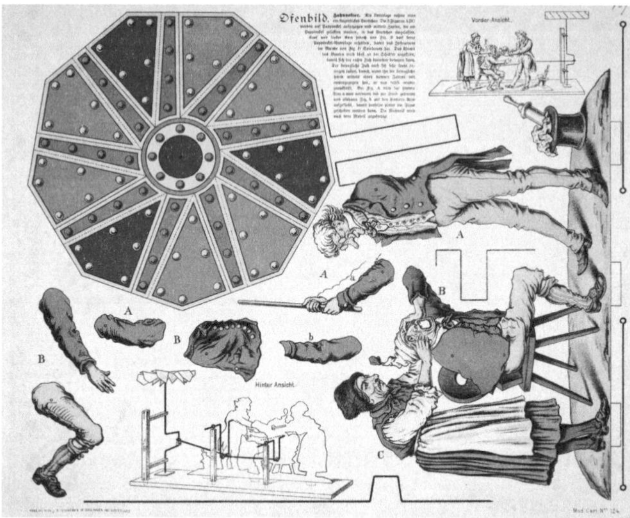

Unterricht und Erziehung

1. Lies den Abschnitt zu „Unterricht und Erziehung".
Schreibe die Dinge heraus, die auch du lernen musst.

2. Sprich mit deinem Arbeitspartner über den Textabschnitt.
Überlegt gemeinsam, was heute noch wichtig ist,
und findet heraus, was für euch unwichtig ist.
Schreibt die Ergebnisse des Gesprächs auf.

Mathematik

Du rechnest gern? Hier kannst du es tun.
In den folgenden Sätzen geht es immer um den Kaiser.
Zu den Sätzen fallen dir bestimmt jede Menge
Rechenaufgaben ein.

Tipp: Denke daran, dass ein Jahr 12 Monate
und ein Monat meistens 30 oder 31 Tage hat.

1. Kaiser Wilhelm II. wurde am 27 Januar 1859 geboren.

2. Am 15. Juni 1888 wurde er zum Kaiser gekrönt.

3. Am 9. November 1918 gab es eine Revolution.
Die Menschen wollten keinen Kaiser mehr haben und jagten ihn vom Thron.

4. Der Kaiser lebte von 1918 bis 1941 in Holland.
Er durfte nicht wieder zurück nach Deutschland kommen.

Leben in der Stadt

Lest die Geschichte von Frau Johanna gemeinsam.
Spielt dann gemeinsam eine oder mehrere der folgenden Situationen:

1. Stell dir vor, es klingelt an der Haustür.
Du bist das Stubenmädchen aus der Geschichte und empfängst den Besucher.

2. Du bist die Köchin.
Du erzählst dem neuen Küchenmädchen, was es nach dem Essen der Familie in der Küche zu tun hat.

3. Es ist Sonntag. Es regnet so stark, dass ihr nicht nach draußen oder ausfahren könnt.
Du bist Johannas Bruder. Überlegt euch, was ihr am Sonntag gemeinsam spielen wollt.
Schreibe es auf, damit du es nicht vergisst.

4. Gehe in die Bücherei und frage dort, ob es Bücher für Kinder aus der Zeit von 1900 bis 1920 anzuschauen oder sogar auszuleihen gibt.

So wohnten wir

Du erfährst in dem Abschnitt „So wohnten wir“ etwas über das Haus, in dem Frau Johanna Kind war.

1. Überlege gemeinsam mit einem Arbeitspartner,
- was es heute in einer Wohnung nicht mehr gibt.

- was stattdessen heute in jeder Wohnung zu finden ist.

2. Du weißt nun, dass in einem großen Haushalt viele Menschen arbeiteten. Schreibe auf, wer in Frau Johannas Familie arbeitete.

3. Welche dieser Arbeiten können heute von oder mit Maschinen im Haushalt erledigt werden?

Rollenspiele: Früher und heute

1. Stellt euch in den Theaterrahmen.
Ein Kind aus der Kaiserzeit und ein Kind von heute tauschen sich über ihre Erfahrungen/ihr Leben aus

2. Ein Mädchen und ein Junge unterhalten sich über das, was sie vor 100 Jahren in der Schule lernen mussten.

3. Diskutiert über die Unterschiede zwischen einer Privatschule und einer Volksschule.

Alte Namen

Du hast von Meta gelesen.
Vielleicht hattest du diesen Namen vorher noch nie gehört.
Meta bekam von ihren Eltern diesen Namen, weil ihre Oma auch Meta hieß.

Die Jungen bekamen oft denselben Vornamen wie ihr Vater oder ihr Opa.

Wie ist das in deiner Familie?
Wo oder wie kannst du erfahren, welche Namen deine Großeltern, Urgroßeltern, Ururgroßeltern hatten?

Welche Namen hatten deine Großeltern, Urgroßeltern und Ururgroßeltern?

Alte Schrift

So sah die Schrift aus, die Meta in der Schule gelernt hat.
Sie war nicht einfach zu lernen.
Damit die Kinder sie sehr schön schreiben konnten, mussten sie viel üben.
In vielen Klassen gab es richtigen Unterricht im „Schönschreiben".

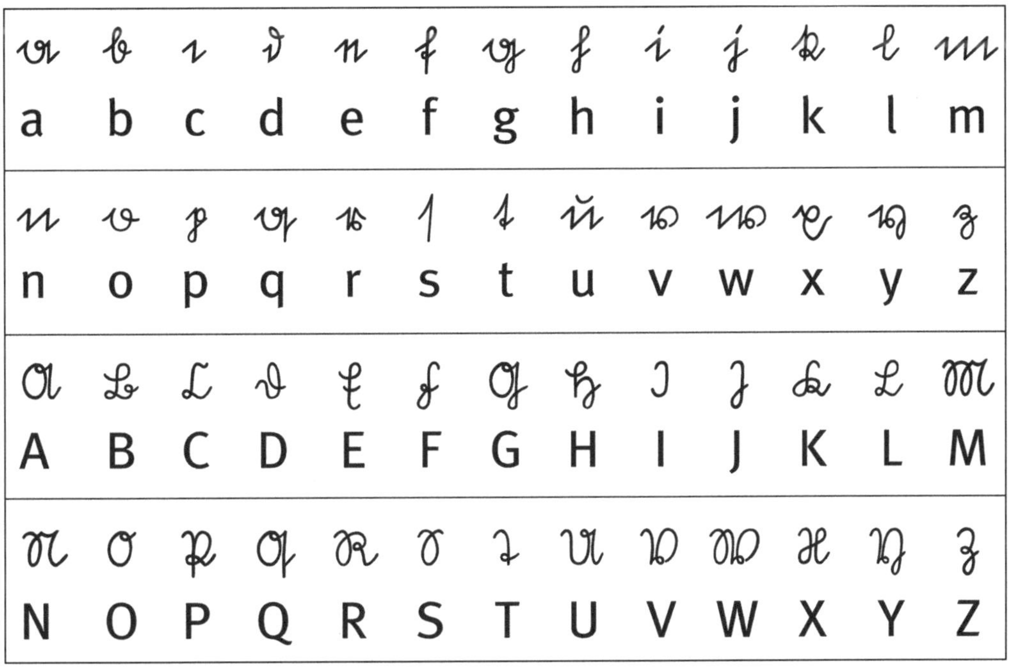

Nur noch wenige Menschen können diese Schrift lesen und schreiben.
Sie ist also fast eine Geheimschrift.

1. Finde Buchstaben, die unseren Buchstaben ähnlich sind.

____

2. Welche Buchstaben sehen ganz anders aus?

____

3. Versuche, ob du in dieser Schrift etwas schreiben kannst.

____

____

____

Leben vor 100 Jahren

Am Ende der Geschichte liest du die Frage:
Würdest du gern mit Meta tauschen?

Überlege, warum du Meta sein möchtest oder warum genau nicht.
Du kannst die Frage allein oder mit mehreren Kindern gemeinsam beantworten.

So lebst du, so lebte Meta

1. Meta stellt ihre Familie vor

- Lies den Text und die Erklärungen für die gekennzeichneten Wörter.
- Versuche, in einem Rollenspiel mit einem Partner die Unterschiede in Metas Leben und in deinem eigenen Leben darzustellen: Kinderzahl, Einrichtung der Wohnung, Ernährung, medizinische Versorgung.

2. Die Arbeit der Erwachsenen

Vergleiche den Beruf und die Arbeitszeit von Metas Vater und deinem Vater oder von Metas Mutter und deiner Mutter.

Du kannst dazu

- ein Rollenspiel aufführen;
- ein Gespräch zwischen beiden aufschreiben;
- den Vergleich in einer Tabelle aufschreiben.

3. Kinderleben

Rollenspiel:

Welche Unterschiede findest du zwischen Metas und deinem eigenen Zuhause, der Arbeit, der Nahrung, der Spiele und dem Spielzeug, der Körperpflege?

4. Kinderkleidung

Alltagskleidung – Sonntagskleidung – Schuhwerk

- Male, wie du dich mit der beschriebenen Kleidung vorstellst!

5. Schulzeit in der Dorfschule

Stelle Unterschiede in einem Rollenspiel dar:

Meta und ein Kind aus unserer Zeit stehen sich gegenüber.

Überlege, in welche Schule du lieber gehen möchtest.

Hoferbe Paul erzählt

1. Unser Bauernhof

- Zeichne einen Grundriss von einem der Schlafzimmer.

- Male die angegebenen Möbel hinein.

- Vergleiche den Inhalt der Speisekammer bei Paul mit dem Lebensmittel-Vorrat bei Meta.

Paul	**Meta**

- Gebäude und Geräte auf dem Bauernhof haben sich im Laufe der Jahre sehr verändert. Vielleicht kannst du einen Bauern in deinem Ort danach fragen. Vielleicht findest du auch Bilder von Gebäuden oder Geräten von früher und von heute.

2. Tagesablauf

- Sprich über Pauls Tagesablauf.
- Vergleiche ihn mit deinem Tag. Denke dabei an die Arbeit der kleinen und großen Kinder, der Jungen und der Mädchen.
- Vielleicht zeigt dir jemand, wie man aus Milch Butter machen kann. Probiere es dann selbst aus.

1914–1918: Kindheit im 1. Weltkrieg

3

3.1 Ziele der Einheit: 1914–1918

Deutsch/Sachunterricht

Die Kinder sollen

- die Erzählungen der Zeitzeugen je nach ihrer Lesefähigkeit und -fertigkeit allein oder in kleinen Gruppen erlesen;
- sie einander vorlesen und dabei auf sinngestaltende Betonung achten;
- die Aussagen der Betroffenen zu den angesprochenen Themen Familienleben, Ernährungslage, Schule sammeln;
- veränderte Rollen von Mann und Frau (die Frau geht aus dem Haus, um Geld zu verdienen; schwerbeschädigte Männer hüten die Kinder usw.) und deren Auswirkungen auf das Leben der Kinder erkennen;
- ein Rollenspiel dazu entwickeln.

Mathematik

Die Kinder sollen versuchen,

- die im Text genannten Zahlen über die finanzielle Ausstattung der Soldatenfamilien in Relation zu den aufgeführten Lebenshaltungskosten setzen.

Kunst

Betrachtung der Bronzeplastik „Die Apfeldiebin" von Ernst Barlach (Werkmodell 1917 entstanden), Seite 78.

Die Kinder sollen lernen,

- ein Kunstwerk in Ruhe auf sich wirken zu lassen;
- dabei auf Einzelheiten wie Gesichtsausdruck, Körperhaltung, Kleidung der dargestellten Person zu achten;
- sich in die Lage der Frau zu versetzen;
- die Befindlichkeit in Worte zu fassen;
- die Umgebung, in der die Frau sich aufhält, wahrzunehmen;
- ihre Eindrücke zu formulieren;
- zu überlegen, welche Geschichte mit dieser Plastik erzählt wird.

Die Kinder gestalten nur mit Zeichenkohle oder mit Deckfarben in unterschiedlichen Graustufen ein eigenes Bild zum Thema „Die Not der Familien/der Frauen/der Kinder im 1. Weltkrieg".

Falls bereits Erfahrungen in der Bearbeitung von Ton gesammelt worden sind, bietet sich das Thema zum Gestalten einer Tonplatte an. Die Werke der Kinder können zu einem Fries zusammengefügt werden.

Die Betrachtung dieser Plastik kann Anlass sein, sich auch mit anderen Werken Ernst Barlachs zu beschäftigen. Seine Plastiken sprechen auch Kinder an.

Hintergrundinformation: Ernst Barlach wurde – wie viele andere Künstler – 1933–1945 als Schöpfer „Entarteter Kunst" mit einem Berufsverbot belegt. Seine Werke durften nicht mehr gezeigt werden. Bei der Beschäftigung mit der Zeit von 1933–1945 könnte ein Bogen von Ernst Barlach auch zu anderen Künstlern geschlagen werden, z. B. zu Emil Nolde.

Musik

Im Anhang sind Kinderlieder aus dieser Zeit zu finden. Die Texte unterscheiden sich sehr von den Liedtexten unserer Zeit und geben auch die Kritik am Verhalten des Kaisers wieder.

Die Kinder sollen erfahren,

- dass die Kinderlieder in Bezug zu der Zeit zu sehen sind, in der sie entstanden sind. Sie sollen sich mit den Texten auseinandersetzen und eigene Überlegungen zur Gestaltung der Lieder anstellen und sie ausprobieren.

Die Gestaltung der Lieder mit Begleitinstrumenten oder in Form von Sprechgesang bietet Raum für eigene Ideen der Kinder.

Sport

Spielideen der Kinder aus der Zeit greifen auf verfügbare Materialien zurück oder kommen ganz ohne Spielmittel aus. Bemerkenswert ist, dass viele Spiele Mannschaftsspiele oder Kreisspiele sind, weil es in den Familien und damit auch in den Wohnquartieren viele Kinder gab. Kinder verschafften sich mit diesen Spielen selbst Bewegung, obwohl gerade in den Städten mit engen Höfen und ohne Spielplätze Kinder immer als Störfaktor angesehen wurden.

Die Kinder sollen versuchen

- Spiele nach den vorhandenen Spielanleitungen oder auch nach eigenen Spielregeln zu spielen.

Informationen: Kindheit im 1. Weltkrieg

Der 1. Weltkrieg wurde von Kaiser Wilhelm II. aus verschiedenen Gründen ausgerufen. Hier werden nur die Gründe aufgeführt, die für Grundschulkinder nachvollziehbar sind.

Die Vorgeschichte des 1. Weltkrieges

Die Vorgeschichte des Krieges beginnt mit dem deutsch-französischen Krieg von 1870–1871. Frankreich war unter Kaiser Napoleon III. ein großes und mächtiges Land. Deutschland war in dieser Zeit hingegen ein Land, in dem es viele Könige und Fürsten gab, die kleine Länder regierten. Die Grenzen Deutschlands waren eigentlich nur daran zu erkennen, dass die Menschen Deutsch sprachen. (Zwar sprachen auch in Österreich die Menschen so ähnlich, aber sie wurden von einem eigenen Kaiser regiert.)

Der mächtigste Deutsch sprechende König war König Wilhelm von Preußen. Er hatte schon verschiedene Kriege geführt und dabei Land erobert. So war Preußen ein großes Königreich geworden. Der Kaiser von Frankreich wusste das. Als er erfuhr, dass ein Verwandter des preußischen Königs in Spanien König werden sollte, bekam er Angst.

Wenn nämlich der König von Spanien und der König von Preußen gemeinsam gegen den Kaiser von Frankreich Krieg führen würden, hätte Frankreich keine Chance. Frankreich würde dann von zwei Seiten gleichzeitig angegriffen. Für seine Verteidigung gab es aber nicht genügend Soldaten.

Frankreich erklärt König Wilhelm von Preußen 1870 den Krieg

Kaiser Napoleon III. von Frankreich fand die Lage bedrohlich. Er erklärte König Wilhelm den Krieg, um zu verhindern, dass in Spanien ein Verwandter des Preußenkönigs zum König gekrönt wird.

Fürst Otto von Bismarck hatte schon vor der Kriegserklärung für König Wilhelm unter den Königen und Fürsten im Norden und im Süden (des heutigen Deutschland) viele Verbündete gefunden. Gemeinsam zogen sie gegen Frankreich in den Krieg.

Das Ende des Krieges 1871

König Wilhelm von Preußen und seine Verbündeten besiegten Frankreich. Ihre Soldaten nahmen Kaiser Napoleon III. gefangen. Das französische Volk fand, dass das eine Schande war. Sie wollten ihn nicht mehr als Kaiser haben, aber gleichzeitig wollten sie überhaupt keinen Kaiser mehr haben. Die Menschen wollten wählen, von wem sie regiert werden.

Fürst von Bismarck erreichte, dass Preußen und seine Verbündeten sich auch im Frieden zusammenschlossen. Der Frieden wurde in dem prächtigen Schloss von Versailles in Frankreich besiegelt. Dort wurde 1871 König Wilhelm von Preußen zum Kaiser des Deutschen Reiches ausgerufen. Er war nun als Kaiser Wilhelm I. der mächtigste Herrscher und hatte am meisten zu sagen.

Frankreich hatte den Krieg angefangen und ihn verloren. Es musste Land an das Deutsche Reich abgeben. Außerdem musste es viel Geld bezahlen, weil es den Krieg angefangen hatte. Deswegen waren die Franzosen sehr verbittert. Viele Jahre lang waren Frankreich und das Deutsche Reich Feinde.

Das Kaiserreich wird ein starker Staat in Europa

Als Kaiser Wilhelm I. im Deutschen Reich die Regierung übernahm, arbeiteten die meisten Menschen in der Landwirtschaft. Das änderte sich nun, weil viele Maschinen erfunden wurden, die die Arbeiten der Leute schneller ausführen konnten. Viele Landarbeiter wurden arbeitslos.

In den großen Städten wurden Fabriken gebaut. In Bergwerken förderten Bergleute Kohle und Eisenerz. Beides brauchte man: Die Kohle erzeugte in großen Öfen Wärme, mit deren Hilfe aus dem Eisenerz das Eisen heraus geschmolzen wurde. Aus dem Eisen konnten Maschinen, Waffen, Eisenbahnschienen und -wagen hergestellt werden.

Viele arbeitslose Landarbeiter zogen nun mit ihren Familien in die Städte, weil sie hofften, in einer Fabrik Arbeit zu finden. Vielen ging es besser als zuvor. Die Bürger zahlten Steuern an den Kaiser. Das Geld nutzte er, um Straßen und Schulen zu bauen, Polizisten und andere Menschen, die für ihn arbeiteten, zu bezahlen.

Von 1871 bis 1914 herrschte Frieden im mächtigen Kaiserreich. So eine lange Friedenszeit hatte es seit vielen Jahren nicht gegeben. Deswegen ging es den Menschen im Deutschen Reich gut.

Mehr Macht für den Kaiser durch die Gründung von Kolonien

Portugal, Spanien, England und Frankreich besaßen schon seit dem 15. und 16. Jahrhundert *Kolonien* in anderen Erdteilen: in Nord- und Südamerika, in Afrika, in Asien. Die Kolonien wurden von Europa aus, von den *Mutterländern*, mitregiert. Durch die Kolonien waren die Mutterländer reich geworden. Sie holten aus den Kolonien Rohstoffe, die es in ihren Ländern nicht gab, z. B. Eisenerz, Seide, *Kautschuk*, Kakao, Kaffee, Tee, Tabak, *Hanf*, Baumwolle. Durch den Handel mit diesen Waren war der Wohlstand gewachsen.

Der deutsche Kaiser sah, woher der Reichtum der anderen Länder kam. Auch er wollte durch die Gründung von Kolonien seine Macht und sein Ansehen in Europa vergrößern. So begann er 1884 in Afrika und in Asien Kolonien zu gründen.

Die anderen Staaten sahen dies nicht gern. Ihnen war der deutsche Kaiser schon ohne Kolonien zu mächtig. Sie befürchteten, dass ein mächtiger Kaiser einen Krieg planen könnte, um seinen Einfluss in Europa zu festigen oder noch auszubauen.

Die Angst des Kaisers und seiner Berater

Der Kaiser und seine Berater hatten Angst davor, dass die Nachbarländer das Deutsche Reich angreifen würden, weil es ihnen zu mächtig war. Einige Nachbarländer – Frankreich, England, Russland – hatten ein Bündnis geschlossen. Sie vereinbarten: Wenn Kaiser Wilhelm II. einem dieser Länder den Krieg erklärt, ist das genau so, als wenn er allen den Krieg erklärt. Also werden alle gegen die Soldaten des Kaisers kämpfen.

Durch dieses Bündnis, meinte der Kaiser, sei sein Reich bedroht. Weil viele Männer seines Volkes Soldaten waren – mehr als in den anderen Ländern –, fühlte er sich stark. Er erklärte den Menschen: „Die Nachbarstaaten rüsten sich für einen Krieg gegen Deutschland. Dagegen müssen wir unser Land verteidigen. Wir wehren uns gegen den Angriff und ziehen in den Krieg! Wir werden ihn gewinnen!“

Der 1. Weltkrieg beginnt

Das Volk jubelte. Es vertraute dem Kaiser und glaubte ihm, dass das Land von seinen Nachbarn bedroht wurde. Der Kaiser begann, viele Männer in die Kasernen zu rufen. Sie wurden dort mit Uniformen und Waffen ausgerüstet und begannen, in Belgien einzumarschieren. Alle Menschen glaubten, der Krieg sei bald zu Ende, als die Deutschen in einigen Schlachten siegten. Der Kaiser hatte gesagt: „Weihnachten sind alle Männer wieder zu Hause.“

Die Not der Menschen wächst

Die Familien hatten es sehr schwer. Sie erhielten zwar Geld vom Staat, aber es war viel weniger als das, was der Mann bei seiner Arbeit verdiente. So bekam die Frau im Monat 12 Mark und für jedes Kind, das jünger als 15 Jahre alt war, gab es 9 Mark im Monat. Davon konnte auch in der Zeit, als ein Brot weniger als 50 Pfennige kostete, niemand satt werden. Arme Leute hatten schon vor dem Krieg Mühe, von dem Lohn des Vaters die Familie zu ernähren. Sie konnten kein Geld sparen, um in Notzeiten davon zu nehmen. Außerdem wurden die Waren teurer, weil alles knapp wurde. Menschen, denen es immer noch gut ging, begannen, für die zu sammeln, die zu wenig hatten.

Der Krieg war Weihnachten 1914 nicht zu Ende. Er dauerte bis 1918. Und je länger der Krieg dauerte, desto schlechter wurde die Ernährungslage. Schließlich versuchte die Regierung, für eine gerechte Verteilung der Lebensmittel zu sorgen. Jeder bekam eine *Lebensmittelkarte*.

Großherzogtum Baden.

Vollmilchkarte
für 1/2 Liter
im Juli 1917 Nr. [redacted]

für ....
in ...., ... Str. Nr. .... } vom Haushaltungsvorstand auszufüllen!
geboren am [redacted]

X	Großherzogtum Baden 1/2 Liter Vollmilch 31. Juli 1917.	Großherzogtum Baden 1/2 Liter Vollmilch 30. Juli 1917.	Großherzogtum Baden 1/2 Liter Vollmilch 29. Juli 1917.
Großherzogtum Baden 1/2 Liter Vollmilch 28. Juli 1917.	Großherzogtum Baden 1/2 Liter Vollmilch 27. Juli 1917.	Großherzogtum Baden 1/2 Liter Vollmilch 26. Juli 1917.	Großherzogtum Baden 1/2 Liter Vollmilch 25. Juli 1917.
Großherzogtum Baden 1/2 Liter Vollmilch 24. Juli 1917.	Großherzogtum Baden 1/2 Liter Vollmilch 23. Juli 1917.	Großherzogtum Baden 1/2 Liter Vollmilch 22. Juli 1917.	Großherzogtum Baden 1/2 Liter Vollmilch 21. Juli 1917.
Großherzogtum Baden 1/2 Liter Vollmilch 20. Juli 1917.	Großherzogtum Baden 1/2 Liter Vollmilch 19. Juli 1917.	Großherzogtum Baden 1/2 Liter Vollmilch 18. Juli 1917.	Großherzogtum Baden 1/2 Liter Vollmilch 17. Juli 1917.

Das Ende des Krieges

Schließlich verlor Kaiser Wilhelm II. und mit ihm das Deutsche Reich den Krieg. Der Kaiser wurde abgesetzt und flüchtete nach Holland.

Aber die Not der Menschen war noch lange nicht zu Ende.

Kinderleben im 1. Weltkrieg

Der 1. Weltkrieg dauerte von 1914 bis 1918. Das ist schon fast hundert Jahre her. Nur noch wenige Menschen können davon erzählen.

Herr Uhl berichtet: Als 1914 der Krieg begann

In der Stadt wurde ausgerufen, dass Krieg war. Mein Vater wurde gleich am ersten Tag Soldat. Mutter und ich standen vor unserem Haus an der Straße. Viele andere Frauen und Kinder, aber auch alte Männer, standen am Straßenrand. Sie jubelten den vorbeimarschierenden Männern zu. Der Kaiser hatte verkündet, dass Deutschland seine Feinde bekämpfen und besiegen müsste. Soldat zu sein, für das Vaterland zu kämpfen, war eine ehrenvolle Sache. Junge Männer meldeten sich freiwillig, weil sie unbedingt Soldat werden wollten.

Soldaten hatten Blumensträuße in der Hand. Ich entdeckte meinen Vater, lief auf ihn zu. Er winkte mir und Mutter, nahm meinen Blumenstrauß. Dann war er in der Menge nicht mehr zu sehen. An diesem Tag habe ich meinen Vater zum letzten Mal gesehen. Er ist nicht aus dem Krieg zurückgekommen. Mutter musste sich eine Arbeit suchen, um für uns beide Geld zum Leben zu verdienen. Zum Glück konnte die Wäscherei sie beschäftigen.

Ich war Ostern 1914 in die Schule gekommen. Nun musste ich dafür sorgen, dass unsere Küche aufgeräumt war, wenn Mutter am Abend nach Hause kam. Dann machte sie die Suppe warm, die sie schon am Tag vorher gekocht hatte. Meistens war es *Steckrübensuppe*.

Frau Priebe erinnert sich: Wir warten auf unseren Vater

Wir sahen unseren Vater noch auf der Straße an uns vorbeimarschieren.
In seiner Uniform sah er ganz anders aus als sonst.
Dann waren wir vier Kinder mit unserer Mutter allein. Mutter war sehr traurig.
Sie wusste, dass im Krieg viele Männer sterben. Sie hatte Angst um ihn.
Der Kaiser hatte versprochen, dass alle Soldaten Weihnachten wieder bei ihren Familien sein sollten. Wir feierten in der Schule jeden Sieg, den die Soldaten errungen hatten. Sehnlichst warteten wir darauf, dass es Weihnachten wurde, damit unser Vater wieder nach Hause kommen könnte.
Aber unser Vater kam nicht. Er war weit weg und schrieb uns manchmal einen Brief. Wir schrieben ihm auch und hofften immer, ihn bald wiederzusehen. Dann kam eine lange Zeit, in der wir nichts von ihm hörten. Das war schlimm. Wir wussten nicht, ob er noch am Leben war. Wir sahen ihn erst 1918 wieder, also nach vier Jahren. Für meine kleinen Brüder war unser Vater ein fremder Mann. So mager und unrasiert und alt sah er aus. Sie fürchteten sich vor ihm.

Herr Rohde erzählt: Wie mein Vater aus dem Krieg kam

Es war im Winter 1916. Meine Mutter war gerade von ihrer Arbeit zurückgekehrt.
Wir saßen um den Küchentisch herum, da klingelte es an unserer Tür. Als ich vorsichtig öffnete, stand dort ein Mann. Er stützte sich auf zwei *Krücken*. Ich entdeckte, dass er nur noch ein Bein hatte. Er sagte: „Wilhelm, kennst du mich denn nicht?"
Erst als ich seine Stimme hörte, wusste ich: Das ist Vater!
Ich rief: „Mutter, komm schnell! Vater ist da!" Meine Mutter und meine Geschwister brachen in Tränen aus, als sie ihn sahen: zerlumpt, grau, müde, krank, und ein Bein fehlte. Ich dachte: Wie viele Schmerzen hat er gehabt – und weinte in der Nacht.

Frau Pause entsinnt sich: Hunger und Krankheiten gehörten zu unserem Leben

Wir wohnten mitten in einer großen Stadt in einem ungemütlichen, großen *Mietshaus*. Mit sieben Personen hatten wir nur ein Zimmer und eine Küche. Alle anderen Familien hatten auch nicht mehr Platz. Unser Küchenfenster ging auf einen hässlichen Hof hinaus. Es gab nur Dreck und Mülltonnen. Dort spielten wir Kinder Fangen oder mit einem Ball aus Stoff Fußball. Weil hier so viele Kinder wohnten, hatten wir immer Spielgefährten.

Im Krieg, im Winter 1917 muss das gewesen sein, kamen immer weniger Kinder in den Hof. Meine liebste Freundin Mia war schon so lange krank. Sie musste immer im Bett liegen. Zum Aufstehen war sie viel zu schwach, und immer wieder schüttelte Husten sie. Meine Mutter meinte: „Wenn sie genug zu essen und gute Milch zu trinken bekäme, würde sie wieder gesund werden." Aber keines der vielen Kinder aus unserem Haus bekam genug zu essen, und viele Kinder waren deshalb krank.

Traurig waren wir alle, als Mia gestorben war. In diesem Winter starben fünf Kinder in unserem Haus, weil sie nicht genug zu essen und keine Medizin bekamen.

Ich höre noch heute, dass meine Mutter sagte: „Jeden Tag kommt der Arzt und kann doch den Kranken nicht helfen. Er ist auch ganz verzweifelt – wie wir alle."

Frau Schwarz stellt fest: ... und zum Schluss hatten wir keinen Kaiser mehr

Am Anfang des Krieges jubelten alle Menschen, auch wir Kinder kriegten jeden Tag in der Schule zu hören, wie tapfer und siegreich unsere Soldaten sind. Aber bald gab es nicht mehr genug Lebensmittel zu kaufen – wir haben gehungert. Immer knurrte uns der Magen.

Dann sollten wir *Pulswärmer* für die Soldaten stricken, damit sie warme Hände hatten. Das sollte unser Zeichen sein, dass wir an die Soldaten dachten, die gegen unsere Feinde kämpften.

Aber es hat alles nichts geholfen. Wir haben den Krieg verloren. Der Kaiser hatte den Krieg angefangen, und 1918 wurde er von wütenden Menschen von seinem Thron vertrieben. Er durfte nicht wieder nach Deutschland kommen. Seine Söhne konnten erst wieder zurückkehren, als sie *auf den Thron verzichteten*. Seitdem gibt es in Deutschland keinen Kaiser mehr.

Kinder erleben das Ende des 1. Weltkrieges

November 1918: Es ist *Revolution*.

Frau Schmidt berichtet, was sie einmal in dieser Zeit erlebt hat.

Am Morgen zu Hause

Ein eisiger Wind rüttelte am Küchenfenster, und es war noch dunkel. Gerade wussten wir, dass kein Krieg mehr war. Almas und Peters Vater war wieder aus dem Krieg zurückgekehrt. Unser Vater war noch nicht wieder da. Er war verletzt und lag noch im *Lazarett*. Wir hofften sehr, ihn bald wieder bei uns zu haben.

Mutter war schon um vier Uhr zur Arbeit in die Fabrik gegangen. In unserer Wohnung war es kalt. Im Schlafzimmer gab es keinen Ofen. Die Fensterscheiben waren von den *Eisblumen* undurchsichtig, an den Wänden glitzerte Eis. In der Küche konnten wir den Herd nur anheizen, wenn wir etwas kochen wollten. Immer hatten wir Angst, dass unser Holz nicht bis zum Frühling reicht. Jetzt im Winter konnte man keines sammeln. Holz zu kaufen, dafür reichte das Geld nicht, das Mutter in der Fabrik verdiente.

Am Abend vorher hatte sie uns eingeschärft, früh aufzustehen und uns gleich beim Bäcker an der Kreuzung für Brot anzustellen. Das Geld für das Brot hatte sie auf den Küchentisch gelegt. Für meine Schwester und mich lag noch ein kleines Stück trockenes Brot im Küchenschrank. Wir teilten uns den *Brotkanten* und marschierten los.

Lesetext: Frau Schmidt 2

Schlange stehen

Wir standen eine ganze Zeit mit vielen anderen Menschen in der Warteschlange. Meine Füße waren schon taub von der Kälte, und meine Schwester jammerte, weil der Frost in ihre Hände biss. Wir besaßen keine Handschuhe. Unsere Mäntel waren uns zu klein geworden und aus dünnem Stoff. Darunter hatten wir schon alle Kleidung angezogen, die wir besaßen: einen Pullover, zwei Unterhosen, ein Unterhemd, ein *Leibchen*, einen ziemlich langen Rock, dicke gestrickte Wollstrümpfe, Holzschuhe. Wir froren jämmerlich.

Menschen schimpfen auf den Kaiser

Eine alte Frau vor uns sagte zu ihrer Nachbarin: „Das soll jetzt Frieden sein! Unsere Männer sitzen krank oder als *Krüppel* zu Hause. Unsere Kinder können vor Hunger nicht in den Schlaf kommen und sind bei der Kälte immer krank. Aber der Kaiser ist in Holland, friert nicht und hat genug zu essen. Einfach im Stich gelassen hat er uns, der Lump!" Die Nachbarin antwortete: „Wir haben den Kaiser verehrt. Aber er hat uns den Krieg gebracht. Nun kann er froh sein, dass er nicht hier ist – vielleicht hätten wir ihn sonst rausgeworfen, den Feigling!"

Es gibt Brot zu kaufen

Endlich kam Bewegung in die Warteschlange. Die Ladentür wurde geöffnet. Wer Brot gekauft hatte, beeilte sich, nach Hause zu kommen. Wir warteten geduldig. Nun konnten wir schon sehen, wie schnell die Leute bedient wurden. Heute gab es nichts anderes als *Mischbrot* zu kaufen, deswegen kamen wir schnell voran.
Mehr als ein Brot bekam niemand.

Der Überfall

Gerade standen meine Schwester und ich im Laden, da sahen wir, dass eine Gruppe von Leuten anmarschiert kam. Einige trugen Gewehre. Wir hatten Angst vor ihnen. An der Ladentür hielten sie an: „Leute, macht Platz! Wir gucken mal nach, ob ihr alle etwas abkriegt! Gestern hat die Bäckersfrau einfach die Tür zugeschlossen, dabei hatte sie noch Brot zu verkaufen!"

Sie stürmten den Laden. Die Bäckersfrau *zeterte* laut und war puterrot im Gesicht. Ehe sie sich versah, hatten drei Männer sie in die Ecke gedrängt. Die anderen Männer verteilten die Brote an die Wartenden. Sie schauten auch in die Backstube. Dort lagen noch mehr Brote. Alle wurden an die Wartenden verteilt. Keiner musste etwas bezahlen. Wer ein Brot hatte, flüchtete ängstlich. Draußen schoss einer der Männer in die Luft und rief: „So, heute gibt es wirklich nichts mehr!"

So schnell sie gekommen waren, waren sie wieder verschwunden. Meine Schwester klammerte sich an mich und weinte plötzlich: „Ich hab solche Angst gehabt vor den Männern!" Ich drückte sie schnell an mich. Dann rannten wir so schnell wir konnten mit dem Brot nach Hause.

Kinder ohne Väter

Herr Uhl verliert seinen Vater durch den Krieg.
„Er ist nicht aus dem Krieg zurückgekommen", sagt er.

1. Lest die Erzählung von Herrn Uhl noch einmal gemeinsam.

2. Überlegt, wie sich dadurch sein Leben verändert hat.
Schreibt es in euren eigenen Worten auf.
(Ihr könnt euch auch auf einen gemeinsamen Text einigen.)

Frau Priebe

Lange Zeit verehrten viele Menschen den Kaiser.
Das änderte sich, als Krieg war.
Du kannst es merken, wenn du liest, was Frau Priebe erzählt.

Welche Wörter passen zur Geschichte von Frau Priebe?

Hoffnung | Enttäuschung | Entsetzen | Verzweiflung | Glück | Wut

Zuversicht | Unsicherheit | Freude | Angst | Trauer

Begründe deine Entscheidung.
Du kannst auch mehrere Wörter auswählen.

Mathematik

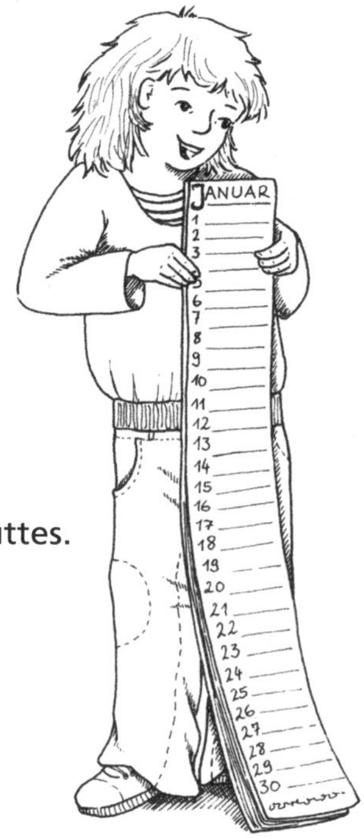

Das Berechnen von Zeitspannen ist nicht immer so einfach.
Aber wenn du daran denkst,

- wie viele Tage ein Monat hat,
- wie viele Monate ein Jahr hat,
- wie viele Tage ein Jahr hat,
- wirst du es schaffen.

Rechne die Aufgaben im Heft oder auf der Rückseite des Arbeitsblattes.
Schreibe auch die Zwischenrechnungen auf.

1. Der 1. Weltkrieg begann am 1. August 1914.
Er endete am 11. November 1918.

Das sind __________ Jahre, __________ Monate und __________ Tage.

Nun weißt du, wie lange Frau Priebe und ihre Geschwister auf ihren Vater gewartet haben.

2. Nimm die Lösungszahlen aus Aufgabe 1:

- Ziehe die Jahre, die Monate und Tage von deinem Alter heute ab.
- Wie alt warst du?
- Frage in deiner Familie, was du in diesem Alter schon konntest und was du noch nicht konntest.
- Erinnerst du dich an Erlebnisse aus diesem Alter?
  Du kannst sie aufschreiben und selbst eine Überschrift finden.

____

____

____

____

____

____

____

Frau Schmidt

1. In dem Text von Frau Schmidt wird aufgezählt,
welche Kleidungsstücke die Mädchen übereinander angezogen haben,
um sich vor der Kälte zu schützen.
Hier siehst du sie.
Einige Kleidungsstücke für Jungen sind ebenfalls zu sehen.

2. Überlege, welche Kleidungsstücke du bei Kälte anziehst, damit du nicht frierst.
Male sie an. Sind das alle Kleidungsstücke, die du besitzt?
Erzähle, wodurch sich deine Kleidung von der der Kinder unterscheidet.

E Barlach

1918–1932: Kindheit in der Weimarer Republik

4.1 Ziele der Einheit: 1918–1923

Deutsch
Die Kinder
- erlesen sich die Texte einzeln oder in Kleingruppen;
- helfen einander beim Erlesen;
- teilen sich bei einem längeren Text die Leseaufgabe;
- teilen in der Gruppe die Arbeit am Text auf, um am Schluss in einer Gesprächsrunde die Inhalte der bearbeiteten Textabschnitte zusammenzuführen, sodass alle Gruppenmitglieder den Inhalt des gesamten Textes kennen;
- entwickeln aus einem der Texte ein Rollenspiel, und schreiben es auf oder führen es vor.

Sachunterricht/Geschichte
Die Kinder erfahren aus den Zeitzeugen-Berichten, dass
- die Not der Menschen nicht mit dem Kriegsende aufhörte;
- durch die Unruhen in den Städten und Regionen das Leben der Menschen weiterhin nicht sicher war;
- unter den Folgen des Krieges vor allem die Hinterbliebenen der gefallenen Soldaten zu leiden hatten, also die Frauen und Kinder;
- die Abschaffung der Regierungsform Monarchie nicht automatisch eine Verbesserung der Lebensverhältnisse für die Bevölkerung zur Folge hatte;
- Kindern im Alltagsleben weitaus mehr Verantwortung übertragen wurde als heute;
- Kinder bemüht und bereit waren, diese Verantwortung (z. B. für Arbeit im Haushalt, Nahrungsbeschaffung, für kleine Geschwister) zu tragen.

Soziale Ziele
Die Kinder
- geben Hilfestellung für schwächere Leserinnen und Leser;
- vereinbaren die Arbeitsaufteilung;
- arbeiten gemeinsam an einem Text;
- respektieren, dass auch ein lernschwaches Gruppenmitglied einen wichtigen Beitrag zum Gesamtergebnis leistet.

Musik/Bewegung
Die Kinder
- lernen Lieder, Spiele und Tänze aus dieser Zeit kennen;
- erkennen Aussagen der Liedtexte und geben sie mit eigenen Worten wieder;
- erarbeiten sich mit Hilfe eigener Instrumente (Flöte, Keyboard) die Melodien;
- erarbeiten eine Begleitung mit Orff'schen Instrumenten oder Körperinstrumenten;
- setzen evtl. vorhandene Tanzanweisungen um;
- lernen Spiele aus dieser Zeit kennen/Spielanleitungen lesen und umsetzen/erfinden selbst Spielanleitungen zu den Spielen.

Kunst
Die Schülerinnen und Schüler
- betrachten und beschreiben Kinderbilder von Paula Modersohn-Becker/Heinrich Zille;
- achten dabei auf Gesichtsausdruck, Körperhaltung, Kleidung;
- ordnen die Situation der Kinder in den Zusammenhang der Zeit ein;
- finden treffende Adjektive;
- schreiben die Geschichte auf, die in dem Bild dargestellt ist;
- empfinden die Aussage eines Bildes mit selbst gewählten Materialien und bildnerischen Mitteln nach;
- präsentieren ihre Arbeitsergebnisse in einer Kunstschau.

Materialien
- unterschiedliche Papiere wie Zeichenpapier, Packpapier, Leimpapier, Tonpapier; bedrucktes Papier;
- Ton für ein Relief oder für eine figürliche Darstellung eines Kindes;
- unterschiedliche Farben wie Deckfarben, Rötel, Zeichenkohle, Kreide, Bleistift, wasserfeste oder wasserlösliche Buntstifte.

Mathematik
Die Schülerinnen und Schüler erfahren, welche Anforderungen an das Zahlenverständnis der Kinder gestellt wurden. Sie
- fertigen Rechengeld selbst an;

- stellen den Preis für ein Ei, ein Brot aus den Geldscheinen zusammen;
- führen Addition und Subtraktion, Multiplikation und Division in den auf den Geldscheinen angegebenen Zahlenräumen aus;
- erfinden, lesen und verstehen Sachaufgaben;
- erläutern Rechenwege und Arbeitsergebnisse.

Anmerkungen

Paula Modersohn-Becker ist bereits 1907 verstorben, also schon lange vor der Zeit, aus der die Lesetexte berichten. Ihre Kinderbilder sind sehr ausdrucksstark. Mit ihrer Schlichtheit sprechen sie Grundschulkinder an. Die Kinder verstehen die Aussage über Armut und das einfache, von Not geprägte Leben. Daher erscheinen sie geeignet, auch für das Kinderleben über die angegebene Zeit hinaus zu stehen.

Heinrich Zille (1858–1929) hat insbesondere in Berliner Armenvierteln das Leben von Kindern und Erwachsenen beobachtet und in einer Fülle von Bildern dargestellt. Viele seiner Zeichnungen haben das Elend der Kinder in den Arbeitervierteln im Norden und Osten Berlins zum Thema. Die ausgewählten Zeichnungen sind zwar einer bestimmten Zeit zuzuordnen. Er stellte das Kinderleben auf eine Art und Weise dar, die ihnen Aussagekraft bis in die Gegenwart verleiht.

„Wollt ihr weg von de Blume! Spielt mit 'n Müllkasten!"

Informationen: 1919 – Die Not endet nicht mit dem Krieg

Eine neue Zeit beginnt

Solange der Kaiser regierte, hatte er die größte Macht. Er hatte Politiker, mit denen er sich beriet. Alle Entscheidungen traf der Kaiser aber so, wie er sie für richtig hielt. Die *Verfassung* gab ihm viele Rechte, denn sie ging davon aus, dass Wilhelm „von Gottes Gnaden Deutscher Kaiser" war.

Januar 1918:
Unzufriedenheit des Volkes mit dem Kaiser

Schon im letzten Kriegsjahr, im Januar 1918, *demonstrieren* viele Frauen und Männer gegen den Krieg. Sie arbeiten nicht, sondern sie *streiken*. Sie wollen erreichen, dass der Kaiser den Krieg endlich beendet. Obwohl die deutschen Soldaten besiegt werden, verkündet der Kaiser dem Volk, der Krieg sei noch nicht verloren. Das glaubt ihm jedoch niemand mehr.

Die Menschen vertrauen Kaiser Wilhelm II. nicht mehr. Seit fast vier Jahren ist nun schon Krieg. Alte Leute, Frauen und Kinder sind in Not, weil es zu wenige Lebensmittel zu kaufen gibt. Viele Menschen verhungern. Immer mehr Soldaten sterben. Dazu kommen Krankheiten wie *Lungentuberkulose* und Grippe, an denen viele Menschen sterben. Ärzte sind verzweifelt, weil es keine Medikamente gibt. Sie können ihren Kranken nicht helfen.

Als bekannt gegeben wird, dass der Krieg verloren ist, steigt die Wut des Volkes. Es fühlt sich betrogen und belogen. In vielen Familien sind Angehörige verstorben. Die Menschen sind verzweifelt.

November 1918 bis Februar 1919

Zuerst beginnen die Matrosen, dem Kaiser den *Gehorsam zu verweigern*. Sie weigern sich, mit ihren Schiffen nach England zu fahren und dort Krieg zu führen. Sie wissen, dass ihr Einsatz sinnlos ist. Sie fahren auf Lastwagen nach Berlin und wollen den Kaiser *stürzen*. Mit ihrem Widerstand ermutigen sie Menschen im ganzen Land zu Widerstand und Ungehorsam.

Verbitterte Männer haben sich Waffen beschafft, um sich gegen die Polizei zu wehren, die die Frauen und Männer in den Straßen auseinandertreiben soll. Es kommt in großen Städten zu Schießereien zwischen der Polizei und den bewaffneten Männern.

„Seine Majestät Kaiser Wilhelm II. hat abgedankt."

Um die Lage zu beruhigen, verkündet in Berlin der letzte vom Kaiser ernannte Reichskanzler: „Seine Majestät der Kaiser hat *abgedankt*." Davon wusste der Kaiser nichts. Er hatte dem Kanzler nicht den Auftrag gegeben, das bekannt zu machen. Der Kaiser wollte weiter regieren. Als er merkt, dass das niemand will, flieht er nach Holland. Ohne den Kaiser ist das Deutsche Reich führungslos.

9. November 1918:
Die *Republik* wird ausgerufen

Mit dem Abdanken des Kaisers ist das Deutsche Reich keine *Monarchie* mehr. Eine Zeit der Unsicherheit beginnt: Wer soll das Land regieren? Wem können die Menschen überhaupt vertrauen? Viele Bürgerinnen und Bürger haben sich in verschiedenen Parteien zusammengeschlossen. Jede Partei hat eigene Vorstellungen, wie das Land zu regieren ist und wie die Lage der Bevölkerung verbessert werden kann. Jede Gruppe oder Partei behauptet, sie könne dafür sorgen, dass es den Menschen besser gehe. Alle Parteien stellen sich der Wahl.

19. Januar 1919:
Bürgerinnen und Bürger gehen zur Wahl

Zum ersten Mal dürfen nicht nur Männer, sondern auch die Frauen zur Wahl gehen. Und Frauen dürfen, ebenfalls zum ersten Mal, bei der Wahl *kandidieren*. Die gewählten Frauen und Männer hatten vor der Wahl bekannt gemacht, welche Rechte und Pflichten des einzelnen Menschen sie für wichtig halten und wie sie erreichen wollen, dass alle Frauen und Männer Arbeit haben und wieder satt werden. Es gab viele große und kleine Parteien im Land. Jede Partei hatte eigene Ansichten darüber, welcher Weg der beste ist, damit es den Menschen im Land wieder besser geht.

Die Bürgerinnen und Bürger wählen *Abgeordnete*. Die Abgeordneten haben die Aufgabe, für ihre Wähler zu sprechen. Alle Abgeordneten zusammen sind das *Parlament*. Das Wort bedeutet: Hier sprechen die Abgeordneten miteinander. Sie diskutieren z. B. darüber, ob ein neues Gesetz notwendig ist und was darin stehen soll. Das Parlament der neuen Republik trägt den Namen *Nationalversammlung*.

Die Partei, die die meisten Stimmen bei einer Wahl bekommt, stellt die Regierung. Wenn aber mehrere Parteien fast gleich viele Stimmen bekommen haben, prüfen sie, ob sie gemeinsam eine Regierung bilden können. Dazu müssen sie versuchen, gemeinsame Ziele zu vereinbaren. Nach der Wahl hat nicht mehr der Kaiser die Regierungsmacht im Land, sondern das Volk, das die Abgeordneten als seine Vertreter gewählt hat.

Februar 1919:
Die Nationalversammlung tritt zusammen
Die Nationalversammlung tagt nicht in Berlin, weil dort immer wieder Unruhen aufflackern. Die Abgeordneten beschließen, in der Stadt Weimar in Ruhe über die neue Verfassung zu beraten. Daher trägt die erste deutsche Republik den Namen *„Weimarer Republik"*.

Am 11. Februar 1919 wählt die Nationalversammlung Friedrich Ebert zum ersten Reichspräsidenten. Nach der Verabschiedung der Verfassung wählt das Volk den Reichspräsidenten jedoch in *direkter Wahl*.

Es ist Aufgabe des Reichspräsidenten, einen Abgeordneten der Nationalversammlung damit zu beauftragen, die Regierung zu bilden. Die in die Nationalversammlung gewählten Abgeordneten müssen zuerst eine neue Verfassung erarbeiten, weil in der alten Verfassung der Kaiser alles zu bestimmen und zu entscheiden hatte.

Die Verfassung der Weimarer Republik
In der Verfassung sind Grundrechte und Pflichten der Bewohner eines Landes benannt. Einige davon sind:
- Alle *volljährigen* Bürgerinnen und Bürger des Landes dürfen wählen, egal, ob sie arm oder reich sind.
- Alle Menschen sind vor dem Gesetz gleich.
- Jeder Mensch darf offen seine Meinung sagen.
- Jeder Mensch darf wählen, wo er wohnen will.
- Niemand darf wegen seines Glaubens verfolgt werden.
- Jeder Bürger hat die Pflicht, die Verfassung zu achten und sich so zu verhalten, dass er nicht gegen ein Gesetz verstößt.

Wenn ein neues Gesetz erlassen wird, darf es nicht gegen die Verfassung verstoßen.

Die neue Republik kommt nicht zur Ruhe
Schon seit dem Beginn des 1. Weltkrieges ist alles teurer geworden: Lebensmittel, Stoffe für Kleidung, alles, was die Menschen zum Leben brauchen.

Weil nur noch wenige Menschen Steuern zahlen können, kommt viel zu wenig Geld in die *Staatskasse*.

Der Kaiser hatte den Krieg angefangen. Nun muss die Regierung viel Geld an die Länder zahlen, die den Krieg gewonnen haben. Diese Zahlungen heißen *Reparationszahlungen*. (Darin steckt das Wort „reparieren": Mit dem gezahlten Geld sollen die Schäden, die im Krieg angerichtet worden sind, repariert werden.) Auch *Rohstoffe*, z. B. Kohle und Eisenerz, müssen als *Reparationsleistung* an Frankreich geliefert werden.

Besonders hart trifft es das Deutsche Reich, auch Land an die Sieger des Krieges abtreten zu müssen. Dadurch wird das Deutsche Reich kleiner und verliert viele seiner Bewohner. In dem verlorenen Land gibt es Bodenschätze (Kohle, Eisenerz), die nun auch verloren sind. Damit sind die Menschen im Land jedoch nicht einverstanden. Immer wieder protestieren sie dagegen und halten diese Strafe für ungerecht.

Informationen: Die Inflationszeit

1919–1923: Das Geld wird immer weniger wert
Damit die Menschen im Land überhaupt Geld in der Hand haben, lässt die Regierung immer neue Geldscheine drucken. Eigentlich muss ein Staat aber etwas Wertvolles, z. B. Gold, besitzen, das so viel wert ist, wie alles Geld, das es im Land gibt. Das ist aber in dieser Zeit nicht so. Die ausgegebenen Geldscheine werden mit immer höheren Zahlen bedruckt. Aber zu kaufen gibt es trotz der hohen Zahlen darauf immer weniger dafür.

Es kommt noch etwas Anderes hinzu: Wenn Länder Handel miteinander treiben, war schon zu dieser Zeit festgelegt, dass die Preise für Waren, die im Ausland gekauft wurden, in *US-amerikanischen Dollar* bezahlt werden mussten. Als das deutsche Geld zuerst in einem Monat, dann in einer Woche und zum Schluss fast jeden Tag weniger wert wurde, zeigte sich das an dem Preis, den 1 US-Dollar kostete.

Im Januar 1923 musste man für Ware, die 1 Dollar wert war, 23.000 Mark bezahlen. Im September 1923 musste man für 1 Dollar aber schon 200 Millionen Mark bezahlen. In Zahlen sieht das so aus: 1 US-Dollar kostete 200.000.000 Reichsmark.

So viel Geld kann man sich gar nicht vorstellen. Wie schwierig muss es gewesen sein, mit diesen hohen Zahlen zu rechnen. Wie viele Geldscheine musste man mitnehmen, wenn man beim Bäcker ein Brot kaufen wollte?

Im September 1923 kostete ein Brot 10.370.000 Mark: zehn Millionen dreihundertsiebzigtausend Mark. Das war ungefähr so viel, wie ein Mann für die Arbeit bekam, die er an einem ganzen Tag geleistet hatte. Die Menschen gaben das Geld sofort aus, wenn sie es bekommen hatten, denn am nächsten Tag konnten sie nichts mehr dafür kaufen.

Wer kein Geld hatte, versuchte zu tauschen: ein Säckchen Mehl gegen Fett oder gegen ein Paar alte Schuhe – so konnte jemand vielleicht bekommen, was er dringend brauchte.

Wer Geld auf ein *Sparbuch* bei einer Sparkasse oder einer Bank eingezahlt hatte, bekam nichts davon wieder, weil es wertlos geworden war. So waren manche Leute von heute auf morgen bettelarm. Nur wer ein Haus oder einen Bauernhof oder ein Stück Land hatte, war bessergestellt: Dieser Besitz hatte seinen Wert nicht verloren.

15. November 1923:
Die Regierung beendet die *Inflation*
Überall im Deutschen Reich werden immer wieder Aufstände und Unruhen ausgelöst. Das Land kommt einfach nicht zur Ruhe. Um dem ein Ende zu bereiten, entscheidet sich die Regierung, sehr viel Geld zu leihen. Im November 1923 schließlich gibt es Geld, auf dem wieder niedrige Zahlen stehen. Es wird die *Reichsmark* eingeführt. Es wird festgelegt, dass 4,20 Reichsmark so viel wert sind wie 1 US-Dollar.

Die Inflation konnte beendet werden, weil amerikanische Banken dem Deutschen Reich viel Geld geliehen hatten. Wenn die Wirtschaft wieder funktionieren würde, könnten sowohl die Reparationsleistungen als auch die Schulden bei den Banken bezahlt werden. Es wurde vereinbart, dass Reparationszahlungen an die Sieger des Krieges bis in das Jahr 1988 zu leisten waren.

Tatsächlich beginnt damit eine Zeit, in der Geschäfte wieder oder neu eröffnet werden, in der Menschen Mut haben, etwas Neues in ihrem Leben zu beginnen. Das wirkt sich auch auf die Entwicklung der Kunst, der Literatur und der Musik aus.

1923: Als das Geld jeden Tag weniger wert wurde

Urgroßvater Alfred hat diese Geschichte oft erzählt:
Das Jahr 1923 hatte gerade angefangen, und den Menschen in Deutschland ging es schlecht. Das Geld wurde mit jedem Tag weniger wert. An einem Tag kostete ein Brötchen 45 Mark. Wenige Tage später musste man für ein Brötchen schon 200 Mark bezahlen.

Wer Arbeit hat, bekommt seinen Lohn jeden Tag
Eigentlich war es seit langem so, dass mein Vater jeden Sonnabend in einer Tüte das Geld für seine Arbeit bekam. Das hatte sich am Beginn des Jahres 1923 aber geändert. Seit ein paar Wochen bekamen mein Vater und seine Arbeitskollegen jeden Nachmittag um 6 Uhr von ihrem Meister Klock den Lohn für diesen Tag ausbezahlt. Der Vater kam noch nicht nach Hause. Er musste immer von morgens 6 Uhr bis 8 Uhr abends arbeiten. Aber Mutter und ich gingen jeden Abend um sechs Uhr zu ihm. Wir nahmen an einem Tag 1 Million Mark in Empfang. Gleich danach gingen wir einkaufen. Wir konnten mit dem Einkaufen nicht bis zum nächsten Morgen warten, denn vielleicht würden wir dann nichts mehr für das Geld kaufen können.

Wir kaufen ein
Voller Hoffnung eilten Mutter und ich zum Bäcker gleich nebenan. „Vielleicht reicht das Geld, um ein großes Brot davon zu kaufen, und ein bisschen Fett", sagte ich zu Mutter. „Ach, Junge, das wäre schön – aber ich glaub es nicht", antwortete sie leise. Der Bäckerladen war ziemlich voll. Viele Frauen und Kinder wollten dasselbe wie wir: Für das Geld, das sie hatten, so viel Brot wie möglich kaufen. Wir alle hatten Glück: Heute kostete ein Brot eine halbe Million Mark, und wir konnten auch noch beim Kaufmann etwas Schmalz für das restliche Geld bekommen, und ein Ei. „Das war ja fast ein Glückstag", murmelte meine Mutter. Nun war unser Geld alle, und wir gingen nach Hause.
Am übernächsten Tag musste man schon für ein einziges Ei eine Million Mark bezahlen.

1923: Wir können immer weniger kaufen

Onkel Ferdinand, ein alter Bauer, berichtet aus seiner Erinnerung:
Ich war 1923 gerade 8 Jahre alt geworden. Vater und ich fuhren mit Pferd und Wagen in die Stadt auf den Viehmarkt. Mein Vater wollte dort ein Schwein verkaufen. Es war 300 *Pfund* schwer, gerade richtig zum Schlachten.

Wir mussten nicht lange warten, da kam ein Gastwirt. Er kaufte das Schwein und gab meinem Vater dafür 5 Millionen Mark. Das war eine große Einkaufstasche voll Geld. Ich fragte: „Vater, sind wir jetzt reich?" Vater antwortete nicht gleich, weil er einen Nachbarn grüßte.
„Nein, Ferdinand. Reich ist man, wenn man mehr Geld hat als man für das tägliche Essen und Trinken und für Kleidung braucht. Dann kann man Geld, das man nicht ausgibt, sparen. Wenn wir Geld sparen könnten, hätten wir vielleicht bald einen *Bulldog* zum Arbeiten auf unserem Hof.
Wir müssen mit unserem Geld schnellstens einkaufen gehen. Mutter braucht dringend Zwirn und Knöpfe für deine Jacke, 5 Pfund Salz und Pfeffer. Und du brauchst eine neue Schiefertafel, weil die alte zerbrochen ist. Wenn noch etwas übrig bleibt, versuchen wir, für Opa Garn zu kaufen. Ein Fischdieb hat unsere *Reuse* zerschnitten. Wenn Opa kein Garn bekommt, können wir keine Fische mehr fangen."

Wir hatten Glück und konnten an diesem Tag alles für dieses Geld bekommen.
Am nächsten Abend sagte Vater zu mir: „Gut, Ferdinand, dass wir gestern in der Stadt gleich alles Geld ausgegeben haben. Heute hätten wir nur noch das Säckchen Salz für die Einkaufstasche voller Geld bekommen."

4.2 Ziele der Einheit 1924–1932: Kinderleben in unruhiger Zeit

Frau Krakowski berichtet von der Not, in die ihre Familie geraten ist, und davon, wie sie sich um eine individuelle Lösung der Probleme bemüht. Dieser Bericht ist als exemplarisch für die Kindheitserfahrungen vieler Menschen in jener Zeit zu betrachten.

Deutsch
Die Kinder
- arbeiten in Kleingruppen;
- lesen den Text: Leseschwache Kinder bekommen Hilfe von geübten Leserinnen und Lesern;
- markieren Wörter und Sätze, die ihnen unbekannt sind;
- können und müssen nicht den gesamten Text erlesen: Bei einer Aufgabenteilung ist es sinnvoll, den Text abschnittweise zu lesen;
- üben das sinngestaltende Lesen, indem sie einander – in der Abfolge des Textes – die einzelnen Teile vorlesen, damit alle Kinder Kenntnis des gesamten Textes erlangen;
- sprechen über die Not der Familie Krakowski.

Schreiben
Die Kinder
- versuchen, mit eigenen Worten wiederzugeben, was sie beim Lesen erstaunt oder bewegt hat, an Wissen hinzugewonnen haben;
- beschreiben, welche Aufgaben Kinder im Alltag übernehmen mussten.

Sachunterricht/Geschichte/Religion
Die Kinder
- erfahren etwas über materielle und existenzbedrohende Not ebenso wie über Bedrohung von Mitbürgern durch die Ideologie der Nationalsozialisten in der Zeit von 1924 bis 1932;
- lesen, dass Frau Krakowskis Vater in eine Versammlung hineingerät, die ihm die Gründe für die Not zu benennen scheint;
- suchen unter Anleitung nach weiteren Informationen darüber in Büchern, im Internet, in Bibliotheken.

Informationen: Die Weimarer Republik 1924–1932

Die Spuren des 1. Weltkrieges sind immer noch sichtbar

Obwohl der Krieg schon lange zu Ende war, mussten viele Menschen noch immer hungern und litten an schweren Krankheiten. Der Krieg hatte viele Opfer gefordert: Viele Millionen Menschen, hauptsächlich Männer, wurden in diesem Krieg getötet, so viele wie in keinem anderen Krieg. Außerdem verhungerten viele Millionen Kinder, Frauen und Männer oder starben an Krankheiten, weil sie keine Medizin dagegen bekamen. Die Armen versuchten, sich ein bisschen Geld zu verdienen, indem sie irgendetwas verkauften.

Das Bild, das der Maler Otto Dix 1926 gemalt hat, zeigt einen dieser armen Menschen. Was kann man schon verdienen, wenn man Streichhölzer verkauft? Vielleicht ein paar *Groschen*, für etwas trockenes Brot an einem Tag gerade genug. Das Gesicht, die Kleidung und die gesamte Haltung sagen viel über seine Lage aus.

Andererseits gab es sehr reiche Leute. Sie konnten es sich leisten, *Hausangestellte* zu haben, ins Theater zu gehen. Als wollten sie das Elend, das die Nachkriegszeit mit sich brachte, vergessen, tanzten und amüsierten sie sich. Sie gaben viel Geld für teure Kleidung und Schmuck aus. Auf ihren Festen stellten sie diese Dinge zur Schau. Sie versteckten ihren Reichtum nicht vor den Leuten, denen es schlecht ging. Das machte deren Armut noch bedrückender. Es schürte den Hass auf die Reichen, von denen viele ihr Geld auf unrechtmäßige Weise verdient hatten.

Wer arm ist und hungert, glaubt jedem, der ihm ein besseres Leben verspricht

Die Stimmung im Land wurde nach kurzem Aufblühen der Wirtschaft wieder schlechter. Die Menschen sahen, dass die von ihnen gewählte Regierung zu wenig tat, damit es Arbeit und genug zu essen gab.

Sie waren auch der Meinung, der Friedensvertrag mit den *Siegermächten* sei ungerecht und viel zu hart. Sie verstanden nicht, dass das *Deutsche Reich* Land an die Feinde abgeben musste. Für die Bewohner dieser Gebiete war es schrecklich, nun plötzlich nicht mehr zu Deutschland, sondern zu Frankreich oder zu Polen zu gehören.

Regierungen wechseln schnell

Von 1919 bis 1932 wechselte die *Regierung* mehrere Male. Einige *Parteien* und Politiker waren nur kurze Zeit an der Regierung. Es gab viele Parteien.

Wenn es viele kleine Parteien gibt, kann keine Partei viele Stimmen bekommen. Wenn Politiker aus vielen Parteien sich einigen müssen, kommt es zu Konflikten zwischen den einzelnen Gruppen. Jede Partei möchte das durchsetzen, was ihr wichtig ist.

In dieser Zeit wurden viele Politiker ermordet. Die Mörder hofften, dass ihre Ideen mit ihnen sterben. Das war aber nicht so. Durch die Morde wurde die Politik nicht verändert.

Weil es keine Sicherheit gab, konnte die Wirtschaft auch nicht gedeihen. Die Zahl der unzufriedenen Menschen wuchs. Diejenigen, die keine Arbeit hatten und zusehen mussten, wie ihre Kinder fast verhungerten, waren verbittert.

1932 schließlich wurde die *Nationalsozialistische Deutsche Arbeiterpartei*, die *NSDAP*, stärkste Partei. Vier Monate später mussten die Bürger erneut wählen. Dabei bekam die NSDAP weniger Stimmen. Trotzdem gelang es ihr, die Regierung zu übernehmen.

Eine Partei wird stark

Eine der vielen kleinen Parteien verstand es besonders, immer mehr Kritiker der Regierungen der *Weimarer Republik* in sich zu vereinen: die Nationalsozialistische Deutsche Arbeiterpartei. Nicht nur Arbeiter, sondern auch Angestellte, Handwerker, Kaufleute, hohe Politiker, Ärzte, Universitäts-Professoren fanden sich in dieser Partei zusammen. Es gefiel ihnen, wie ihr Partei-Führer *Adolf Hitler* zu ihnen redete. Er beschwor die Menschen im Land, an ihre eigene Stärke zu glauben. Die Deutschen seien das tüchtigste Volk in Europa. Die Sieger des Krieges seien schuld daran, dass es den Menschen schlecht gehe. Das Deutsche Volk müsse zusammen stehen und sich einig sein, dann könnte das Land wieder zu seiner alten Stärke zurückfinden.

Mit seinen Reden baut er bei den Menschen diese Feindbilder auf:

- Die *Juden* sind am Unglück Deutschlands schuld.
- Die *Bolschewisten*, die in Russland regieren, wollen auch Deutschland erobern.
- Alle Ausländer sind eine Bedrohung für das Reich.
- Unheilbar kranke und behinderte Menschen haben kein Recht auf Leben.

Nur noch große, blonde, blauäugige Menschen soll es im Deutschen Reich geben.

Nur noch gesunde, intelligente Menschen sollen leben und Kinder haben dürfen.

In den Jahren 1929 bis 1933 wächst die Zahl der Mitglieder der NSDAP stark an.

Wer Kritik an der Partei und ihrem Führer Hitler übt, begibt sich in Gefahr

1933 hat Hitler sein Ziel erreicht: Er wird zum *Reichskanzler* ernannt. Das bedeutet, dass er viel Macht bekommt. Sobald er in der Regierung ist, verbietet er alle Parteien, die es in der Weimarer Republik gibt – nur die NSDAP gibt es noch.

Immer mehr Frauen und Männer treten in diese Partei ein. Auch die Kinder und die Jugendlichen müssen schon das Marschieren üben, an Arbeitseinsätzen teilnehmen, eine Uniform tragen.

Frau Krakowski erzählt, wie es ihr in ihrer Kindheit ergangen ist

Wir waren froh, als es das Geld mit den großen Zahlen nicht mehr gab. Was war das für eine furchtbare Zeit gewesen. Wir wussten damals nicht, was wir einkaufen konnten, wenn wir Geld in der Hand hatten.
Reiche Leute hatten trotzdem etwas zu essen: Sie besaßen wertvolle Dinge. Teppiche, Pelzmäntel, Schmuck, wertvolle Tischtücher und Geschirr aus Silber konnten sie eintauschen gegen Fleisch, Getreide, Zucker. Ihre Kinder kannten keinen Hunger.
Sie beschäftigten auch immer noch Hausangestellte.
Meine Mutter war in mehreren Haushalten als *Waschfrau* beschäftigt. Sie hatte einen festen Plan und arbeitete regelmäßig in jedem Haus zwei oder auch drei Tage lang. Alle vier Wochen ging sie zu Frau von P., um dort zwei Tage lang Wäsche zu waschen.

Mutter sorgt für die Familie
Von Morgens bis abends arbeitete Mutter schwer. Immer ging sie schon früh am Morgen zu den fremden Leuten, meistens um fünf Uhr. Sie brachte in dieser Zeit wenig Geld nach Hause, dafür aber schenkten ihr Leute Lebensmittel. Das war eine Hilfe. Aber es reichte nie für uns alle. Wir waren sechs Kinder, und mein Vater konnte nicht arbeiten. Geld und Lebensmittel reichten kaum für einen Tag. Wir lebten immer von einem Tag zum anderen. Es war nicht daran zu denken, etwas Geld zu sparen.
Wenn Mutter an einem Tag nicht zur Arbeit gehen konnte, hatten wir kein Geld und nichts zu essen. Deswegen ging sie immer arbeiten, auch wenn sie krank war.

Vater ist verzweifelt
Mein Vater hatte bei einem Maurer gearbeitet. Als die *Unruhen* waren, ist er auf einer Baustelle von einer Leiter gefallen. Dabei hat er sich schwer am Kopf verletzt und beide Beine gebrochen. Er ist nicht wieder richtig gesund geworden und hatte immer starke Schmerzen. „Wär ich doch gestorben," jammerte er, „dann gäbe es einen Esser weniger!"

Dabei war Mutter froh, dass er auf uns Kinder aufpasste. Aber er hätte natürlich viel lieber gearbeitet und Geld verdient. Er meinte: „Die Frau gehört doch ins Haus und muss die Familie versorgen. Der Mann muss arbeiten gehen und Geld verdienen.
Was ist das bloß für eine Welt, alles ist verkehrt!" „Es gibt ja nicht einmal Arbeit für Gesunde!", sagte meine Mutter. Das tröstete Vater nicht.
Er war nicht der Einzige im Haus, der nicht arbeiten konnte: Von den zehn anderen Familien im Haus hatten acht Väter keine Arbeit. Alle gingen jeden Tag los und guckten, ob sie nicht irgendwo ein paar *Groschen* verdienen konnten: als Straßenkehrer, Zeitungsverkäufer, beim Schiffsanleger. Es war traurig, dass niemand sie brauchte.

Immer mehr Menschen werden arbeitslos

Eines Tages kam Vater sehr aufgeregt nach Hause. Er war in eine *Kundgebung* hineingeraten. Ein Mann hatte zu den Menschen gesprochen, laut und leidenschaftlich. Er klagte die Regierung an, die nichts tat, um die Menschen mit Arbeit und Brot zu versorgen. Er forderte, dass alle sich gemeinsam dagegen wehrten, arbeitslos zu sein. Er forderte auch: „Es muss endlich aufhören, dass die *Sieger des Krieges* Deutschland alles Geld wegnehmen. Wir brauchen das Geld, damit endlich wieder Arbeitsplätze für alle Menschen eingerichtet werden. Diese Regierung taugt nichts! Sie tut nichts dafür, dass endlich alle Männer wieder Arbeit haben!"

Was Vater aber nicht gesehen hatte: Die Versammlung wurde von Männern mit Armbinden bewacht. Sie sahen groß und stark aus und trugen braune Uniformen. Als die Polizei kam und die Versammlung auflösen wollte, gab es eine Prügelei zwischen den Bewachern und den Polizisten. Dabei wurden viele Menschen verletzt.

Mutters Arbeit: Waschtag bei Familie von P.

1. Die Vorbereitung der Wäsche
Mutter zündete erst das Anmachholz an, das im Brennraum des Waschkessels lag. Als die Flammen hell loderten, legte sie trockenes Holz obenauf. Das Wasser war von den Hausmädchen und dem Kutscher in den Kessel gefüllt worden. Unterdessen sortierte sie die Wäsche. Die sehr schmutzige Wäsche kam unten in den Kessel, weil sie am längsten kochen musste. Die nicht so schmutzigen Stücke legte sie obenauf. Alle Wäsche musste von dem Wasser bedeckt sein.

2. Das Waschen
Bettwäsche, Tischwäsche, *Leibwäsche*, Handtücher, Geschirrtücher kochten in dem Waschkessel. Jedes heiße Wäschestück musste einzeln mit einem Holz aus dem Kessel genommen und mit Seife oder mit weißem Sand und Asche eingerieben werden, bevor Mutter es mit der Hand auf dem Waschbrett rubbeln oder mit einer harten Bürste bearbeiten konnte. In kaltem Wasser spülte sie die Wäsche. Mit der Hand wrangen sie und ein oder zwei Hausmädchen jedes Stück aus.

3. Wäsche trocknen
Dann konnten die Hausmädchen die Wäsche draußen aufhängen, damit sie im Wind trocknete. Mit hölzernen Wäscheklammern befestigten die Mädchen die Wäsche an der Wäscheleine im Hof. War das Wetter schlecht, musste die Wäsche auf dem Hausboden unter dem Dach aufgehängt werden. Es war sehr beschwerlich, die Körbe mit der nassen Wäsche über zwei Stockwerke nach oben zu schleppen. Die Dienstbotentreppe, auf der sie dafür hinaufsteigen mussten, war schmal und sehr steil.
Inzwischen putzte Mutter die Waschküche.

4. Ein Arbeitstag ist zu Ende
Mutter kam abends todmüde nach Hause. Ihre Hände waren von der Arbeit aufgequollen und schrumpelig. Vom Stehen in den nassen Holzpantinen waren auch ihre Beine geschwollen. Bald legte sie sich schlafen.

5. Die Arbeit geht weiter
Am nächsten Morgen wartete wieder schwere Arbeit auf sie. Die bunte Wäsche war noch zu waschen. Die saubere, trockene Wäsche vom Vortag musste gefaltet, mit der Mangel geglättet oder mit dem Bügeleisen gebügelt werden. War das am Abend geschafft, nahm Mutter von der Hausfrau ihren Lohn in Empfang. Das Geld reichte gerade, um für unsere Familie zwei Tage lang etwas zu essen zu kaufen, damit wir nicht verhungerten.

Aufgaben

1. **Nehmt euch allein oder zu zweit einen Abschnitt des Textes vor.**
   Lest ihn durch und sucht nach Wörtern oder Gegenständen, die ihr nicht kennt.
   Schaut im Lexikon oder im Internet nach Erklärungen.

2. **Schreibt auf, welche Arbeit früher zu tun waren und welche Arbeit heute notwendig ist, damit Wäsche sauber wird.**
   Wer wäscht, bügelt, mangelt, faltet die Wäsche?

3. **Gruppengespräch:**
   Warum konnten die Leute, die keine Waschfrau beschäftigen konnten, in der Zeit nicht jeden Tag frische Kleidung anziehen?

4. **Erarbeitet eine Spielszene:**
   „Hans ist hingefallen und kommt schmutzig nach Hause."

1933–1945: Kindheit im Nationalsozialismus

5

5.1 Ziele der Einheit: 1933 bis 1945

Sachunterricht/Geschichte
Die Berichte der verschiedenen Personen stellen ihre persönliche Geschichte vor. Sie beginnen mit dem Eingreifen des Nationalsozialismus in das Leben der Familien und der Individuen. Die ersten Anzeichen der Judenverfolgung werden schon von den Kindern wahrgenommen. Großer Raum wird den Berichten über das Leben der Kinder im Krieg zugemessen. Die Erfahrungen aus dieser Zeit liegen für heutige Kinder in der Urgroßeltern- oder auch der Großeltern-Generation, sodass noch lebende Zeugen dieser Zeit durchaus auch im näheren Umfeld der Kinder zu finden sein könnten.

In den erzählenden Texten werden Erfahrungen aus unterschiedlichen Zeiten des Nationalsozialismus dargestellt. Damit die Kinder den Inhalt der Texte kennenlernen, sich aber mit einem Einzelaspekt – z. B. der Kinderlandverschickung oder der Flucht – genauer beschäftigen, bietet es sich an, klassen- oder jahrgangsübergreifende Projektarbeit zu betreiben.

Nicht alle Kinder beschäftigen sich mit allen Texten. Die Schülerinnen und Schüler erhalten eine Einführung zur Geschichte der Zeit und wählen danach ein Projekt aus, an dem sie mitarbeiten.

Da es unter den älteren Bewohnern der Städte und Dörfer noch Zeitzeugen gibt, deren Kindheit in der Zeit von 1933 bis 1945 lag, kann im Rahmen dieses Projektes eine Einbeziehung dieser Menschen in die Arbeit erwogen werden.

Die Kinder
- erhalten Kenntnis über das Leben der Kinder in den Jahren 1932 bis 1945;
- lernen den Unterschied zwischen Demokratie und Diktatur kennen, indem sie die Lebensumstände der Kinder im Krieg reflektieren und mit den eigenen vergleichen;
- arbeiten an einem Teilaspekt der dargestellten Zeit;
- bekommen bei der Vorstellung der Einzelprojekte Einblicke in die gesamte Zeit;
- erfahren etwas über die Leiden der Kinder während des 2. Weltkrieges, der tiefer als der 1. Weltkrieg in das Leben der Erwachsenen und der Kinder eingreift;
- begreifen die Zeit des Nationalsozialismus als Zeit der Missachtung der in der Weimarer Verfassung garantierten Grundrechte der Menschen.

Deutsch
Die Kinder
- lesen je nach ihrer Lesefertigkeit alle oder einzelne Texte;
- nutzen die Möglichkeit, sich dem in den Handreichungen dargestellten geschichtlichen Hintergrund zuzuwenden;
- erkunden die im Glossar erklärten Wörter;
- markieren und klären ihnen unbekannte Wörter;
- erarbeiten Möglichkeiten der Darstellung einzelner Szenen aus den Texten in Form von bildnerischen Darstellungen, Rollenspielen, Sammlungen von Fotos oder anderen Zeitdokumenten mit entsprechenden Erklärungen;
- erarbeiten Fragen an Zeitzeugen;
- versuchen, Erwachsene zu finden, die im Krieg Kinder waren und bereit sind, aus ihrer Kindheit in dieser Zeit zu erzählen und/oder Fragen der Kinder zu beantworten;
- fertigen Gesprächsnotizen an und bereiten diese zu einem Text auf;
- bereiten eine Präsentation vor, in der nicht nur die Arbeit der Gruppen, sondern auch die Anteile des einzelnen Kindes sichtbar werden.

Informationen: Geschichte 1933–1945

Rückblick auf die Zeit von 1920 bis 1930

In der *Weimarer Republik* wählen die Frauen und Männer *Abgeordnete* für das *Parlament*. Diese Abgeordneten im Parlament gehören vielen verschiedenen Parteien an. Jede Partei kämpft in Diskussionen und bei Abstimmungen darum, dass ihre Vorstellungen in neuen Gesetzen berücksichtigt werden. Daher dauert es lange, bis neue Gesetze beschlossen werden können.

Die Bürgerinnen und Bürger wollen aber keine langen Auseinandersetzungen der Politiker erleben. Sie warten darauf, dass endlich mit Hilfe neuer Gesetze und einer *demokratisch gewählten* Regierung wieder Ruhe im Land einkehrt. Alle Bürgerinnen und Bürger hoffen, dass nun im Frieden alle Menschen Arbeit und genug zu essen haben.

Die Männer, die in der Kaiserzeit Beamte oder beim Militär Offiziere gewesen sind, wünschen sich allerdings den Kaiser zurück. Sie meinen, der Kaiser sei ein starker Mann gewesen, der immer für Ruhe, Ordnung und Wohlstand im Land gesorgt habe.

Der 1. Weltkrieg hat das Land verändert

Leute, die sich den Kaiser zurückwünschten, vergaßen, dass er sie in den Krieg geführt hatte. Sie wollten nicht sehen, wie sehr der 1. Weltkrieg das Deutsche Reich verändert hatte. Es hatte durch den Krieg von 1914–1918 viele Menschen verloren: Sie waren entweder im Krieg getötet worden, an Krankheiten gestorben oder verhungert. Wenn ein Land einen Krieg anfängt und ihn verliert, wird es von den Siegern bestraft:

- An die Sieger des Krieges musste das Deutsche Reich *Gebiete abtreten*, in denen Kohle und Erze abgebaut wurden. Weil beides in Fabriken zur Eisen- und Stahlherstellung gebraucht wird, fehlten diese Rohstoffe nun.
- Auch große Flächen, auf denen Getreide, Zuckerrüben und Futterrüben angebaut wurden, musste das Deutsche Reich abtreten. Deswegen war es nach dem Krieg immer noch schwierig, genügend Lebensmittel im eigenen Land herzustellen, um alle Menschen zu ernähren.
- Die *Reparationszahlungen*, die an die Sieger des Krieges zu leisten waren, hatten das Deutsche Reich arm und die Menschen unzufrieden gemacht.

Was viele Bürgerinnen und Bürgern nicht bedachten: Es wurden nicht nur von den Deutschen, sondern auch von den Bürgerinnen und Bürgern aller anderen Länder, die am Krieg beteiligt waren, große Opfer verlangt. Not und Krankheiten machten nicht an den Grenzen des Reiches halt. Die Bürgerinnen und Bürger und ihre Kinder in den Staaten der Sieger litten ebenfalls unter den Folgen des Krieges.

Eine unbedeutende Partei versucht, in das Geschehen einzugreifen

Der Gründer einer kleinen Partei, der *Deutschen Arbeiterpartei*, hieß Adolf Hitler. Er versuchte seit 1919, an die Macht zu kommen. 1920 gab er der Partei den neuen Namen *Nationalsozialistische Deutsche Arbeiterpartei* (NSDAP).
Er organisierte seine Anhänger wie Soldaten: Sie marschierten wie Soldaten und wurden von Gruppenführern wie Soldaten kommandiert. Sie mussten dem Führer ihrer Partei absolut gehorchen. Niemand durfte Kritik an ihm üben.

Schon gleich nach der Gründung der Partei hielt er vor den damals noch wenigen Parteimitgliedern große Reden. Darin beschuldigte er die *Juden*, am Unglück des Deutschen Reiches die Schuld zu tragen.

Die wenigen Mitglieder dieser Partei hatten von Anfang an den Auftrag, gegen diejenigen zu kämpfen, die nicht der *NSDAP*, sondern anderen Parteien angehörten. Dabei wendeten sie Gewalt an. Sie suchten Streit, der oft mit großen Prügeleien endete. Für einen Versuch, die Regierung zu stürzen, wurde Hitler 1923 zu einer Gefängnisstrafe verurteilt.

Ein Buch entsteht

Im Gefängnis schrieb Hitler ein Buch. Darin war zu lesen:

- Der Führer der Partei hat alle Macht. Ihm müssen alle Parteimitglieder blind gehorchen.
- Niemand darf Kritik an ihm und an seinen Entscheidungen üben.
- Das Deutsche Volk ist ein auserwähltes Volk mit einer langen Geschichte, auf die es stolz sein soll. Deutsche sind das Vorbild für alle Völker.
- Das deutsche Volk braucht ein großes Staatsgebiet, damit es seine Menschen ernähren kann, ohne Waren aus dem Ausland einzuführen. Deswegen muss neues Land erobert werden.
- Das Land im Osten wird gebraucht, damit das Deutsche Reich eine Weltmacht wird.

Wer das Buch gelesen hatte, konnte sich denken, dass die Eroberung neuen Landes nicht ohne Krieg gelingen würde. Politiker, Bürgerinnen und Bürger sahen diesen Parteiführer als „Spinner“

an. Sie nahmen ihn nicht ernst und hielten es für ausgeschlossen, dass er an die Macht kommen würde.

Viele Menschen besuchen die Versammlungen der *Nationalsozialisten*

Ende der Zwanziger-, Anfang der Dreißigerjahre kamen zu den Parteitagen der NSDAP viele Menschen. Alle wollten hören, was für Vorstellungen der Führer dieser Partei hatte, um das Deutsche Reich zu regieren.

Er behauptete:

- Nur die Menschen seien wertvoll, die gesund, kräftig, groß, blond und blauäugig, also Nachfahren der Menschen waren, die vor 600 Jahren schon in diesem Land wohnten. Nur solche Männer und Frauen könnten zur *Volksgemeinschaft* gehören.
- Die *Juden* seien die Feinde des deutschen Volkes. Man könne ihnen ansehen, dass sie geldgierige, böse, tückische Menschen seien. Sie seien Fremde im Land und gehörten nicht zur Volksgemeinschaft.
- Genau wie alle Fremden, die nach 1914 in das Deutsche Reich eingewandert seien, müssten auch die Juden das Land verlassen.
- Die Russen im Osten seien dumm und *primitiv*. Sie seien *Bolschewisten*, die danach streben, die ganze Welt zu regieren. Das werde er verhindern, wenn er das Land regiere.
- Eine Regierung dürfe nur an das Wohl des eigenen Volkes denken. Zu anderen Völkern gute Beziehungen zu haben, sei dumm und nutzlos.
- Er allein sei der *Auserwählte*, der das Volk führen könne, die *Vorsehung* habe ihn auserkoren, er allein sei verantwortlich.

Es gab Frauen und Männer, die empört waren über diese Aussagen. Sie verurteilten das, was er sagte. Sie sahen, dass er sich für eine Art Gott hielt. Ihre Bedenken wurden aber von den begeisterten Massen nicht gehört.

Die Anhänger der NSDAP *duldeten* keine Kritik an ihrem Führer. Sie jubelten ihm zu und glaubten alles, was er sagte. Sie vertrauten darauf, dass er es schaffen würde, im Land Ruhe und Ordnung herzustellen. Sie meinten, er allein könne dem deutschen Volk das verlorene Ansehen zurückbringen. Die *Demokratie* habe sich nicht bewährt. Die Probleme des Reiches seien von keiner demokratisch gewählten Regierung gelöst worden.

Ergebnis der Wahl 1930

Viele Wählerinnen und Wähler gaben der NSDAP ihre Stimme. Bürgerinnen und Bürger aus allen Bevölkerungsschichten glaubten, er könne das Land von Not und Elend befreien. Trotzdem waren es noch nicht genug, damit die NSDAP allein regieren konnte. Deshalb ließ Hitler von seinen Parteimitgliedern Unruhe stiften. Wer einer anderen Partei angehörte, wurde als Feind betrachtet. NSDAP-Mitglieder störten die Versammlungen anderer Parteien. Sie verfolgten ihre Gegner und scheuten nicht davor zurück, sie zu verprügeln. Sie nahmen in Kauf, dass dabei Menschen getötet wurden.

Von der Polizei bekamen die Verletzten keine Unterstützung oder Hilfe. Viele Polizisten fühlten sich machtlos oder sie waren Mitglieder der NSDAP und schritten nicht gegen die Gewalttäter ein.

Demokratische Parteien schlossen sich zu einem Bündnis zusammen. Sie wollten verhindern, dass das Deutsche Reich nur noch von einem Führer und dessen Partei regiert wird. Dafür war es aber zu spät. Die NSDAP hatte bereits zu viele Anhänger gewonnen.

1932 – Wahl des *Reichspräsidenten* und Reichstagswahlen

Im April 1932 wird *Generalfeldmarschall* Paul von Hindenburg zum Reichspräsidenten gewählt. Er war bei seiner Wahl 85 Jahre alt. Das war zu der Zeit ein sehr hohes Alter, denn die meisten Menschen wurden weniger als 70 Jahre alt. Er lehnte die Demokratie ab und wollte das Parlament am liebsten abschaffen.

Im Juli 1932 bekommt die NSDAP bei den Reichstagswahlen die meisten Stimmen, ist also die stärkste Partei.

1933 – Einschränkung der Grundrechte der Bürgerinnen und Bürger

Reichspräsident von Hindenburg ernennt Hitler gleich am Beginn des Jahres zum *Reichskanzler*. Kurze Zeit später löst der Reichspräsident das Parlament auf und legt den Termin für eine neue Wahl fest.

Zwei der in der *Weimarer Verfassung* garantierten Grundrechte werden noch vor der Wahl von Hindenburg aufgehoben: die *Versammlungsfreiheit* und die *Pressefreiheit*.

Das bedeutet: Nur noch Versammlungen der Nationalsozialisten sind erlaubt. Mitglieder anderer Parteien – z. B. der sozialdemokratischen oder der kommunistischen Partei – dürfen keine Versammlungen abhalten. Sie dürfen die Bürgerinnen und Bürger nicht informieren, wofür sie im Parlament kämpfen wollen.

Die Aufhebung der Pressefreiheit hat zur Folge: Die Zeitungen dürfen nur noch über die Versammlungen der NSDAP berichten. Sie dürfen nicht schreiben, dass die anderen Parteien behindert werden. Sie dürfen nur noch schreiben, was die Regierung, die fast dasselbe ist wie die NSDAP, für richtig hält.

Eine Wahl

Bei der Wahl im März 1933 wählen weniger Menschen die NSDAP, weil sie befürchten, dass diese Partei, die die Mitbestimmung Andersdenkender verhindert, die Demokratie in Deutschland zerstören würde. Es sind jedoch zu viele, die wollen, dass Hitler und seine Partei regieren.

Es stellten sich viele Parteien der Wahl. Sie waren sich untereinander aber nicht einig und schlossen sich nicht zu einem Bündnis gegen die NSDAP zusammen. Sie konnten deshalb die Macht der NSDAP und ihres Führers nicht einschränken.

Parteien werden verboten oder lösen sich selbst auf

Nur noch eine Partei, die NSDAP, war schließlich erlaubt. Alle anderen Parteien wurden verboten oder lösten sich selbst auf, weil sie dazu gezwungen wurden.

Viele ihrer Mitglieder wurden in Gefängnisse eingesperrt, dort geschlagen und *gedemütigt*. Nicht wenige Frauen und Männer wurden im Gefängnis umgebracht. Die Familien dieser Menschen konnten die Mörder nicht bei der Polizei anzeigen. Feinde der neuen Regierung wurden umgebracht, und niemand wurde dafür bestraft.

Verräter verbreiten Angst und Misstrauen im Land

Die Bürgerinnen und Bürger lebten in andauernder Angst. Kaum jemand traute sich noch, zu sagen, was er dachte. Jeder fürchtete, bei der Polizei verraten, eingesperrt und umgebracht zu werden.

Die Leute wurden misstrauisch. Wenn wieder ein Nachbar von der Polizei abgeholt wurde, fragten sie sich: „Wer, vielleicht sogar aus unserer Nachbarschaft, hat der Polizei etwas über ihn erzählt? Warum wird er abholt? Was hat er verbrochen? Wir wissen doch, dass er ein ordentlicher Mensch war."

In dieser Zeit lebten die Menschen lange an einem Ort. Viele wurden in einer Straße, einem Dorf oder einer Kleinstadt geboren und verbrachten ihr ganzes Leben in derselben Umgebung. Alle kannten einander, Kinder spielten miteinander, pflegten gute Nachbarschaft, die oft ein Leben lang hielt.

Nun wurde das Vertrauen der Menschen zueinander erschüttert. Wem durften sie sagen, was sie dachten, und wem nicht? Wer war ein *Spitzel* und verriet der Polizei, was jemand gesagt hatte? Wenn es in einer Familie Parteimitglieder und auch Kritiker gab: Durfte man mit ihnen noch ohne Angst diskutieren?

Wenn aber jemand von so einer Gefangennahme nach Hause zurückkehrte, sprach er mit keinem Menschen darüber. Die Angst vor Verrätern breitete sich wie eine schlimme Krankheit aus.

Erst viele Jahre später stellte sich heraus, dass es eine Menge Leute gab, die ihre Kinder, ihre Eltern, ihre Freunde und ihre Nachbarn bespitzelten. Sobald sie bemerkten, dass jemand Kritik übte oder sich nicht so verhielt, wie es die Regierung wollte, verrieten sie ihn an die Geheimpolizei. Die ließ diese Verratenen abholen und verhören. Viele der Verratenen verschwanden in Gefängnissen und Zuchthäusern, obwohl sie kein Verbrechen begangen hatten, und kehrten nicht wieder zu ihren Familien zurück.

Die Verfolgung der jüdischen Bürgerinnen und Bürger nimmt zu

Jüdische Bürger wurden schon lange von den Nationalsozialisten schlecht gemacht. Nun durften sie nicht mehr für den Staat arbeiten. Beamte jüdischen Glaubens wurden entlassen. Professoren, Lehrerinnen und Lehrer durften Studenten und Studentinnen, Schülerinnen und Schüler nicht mehr unterrichten.

Die Verfolgung der Bürger jüdischen Glaubens bedeutete auch: Ärzte, Rechtsanwälte, Wissenschaftler durften nicht mehr arbeiten, und es war verboten, sich bei Rechtsanwälten jüdischen Glaubens Rat zu holen oder Ärzte jüdischen Glaubens um medizinische Hilfe zu bitten. Plakate hingen an Geschäften, deren Besitzer jüdischen Glaubens waren: „Deutsche, kauft nicht bei Juden!"

Menschen werden wegen ihres Glaubens oder wegen ihrer Herkunft verfolgt

Schon 1932 beginnen jüdische Bürger, das Land zu verlassen. Sie verkaufen ihren Besitz und wandern aus. Ab 1938 aber durften sie das nicht mehr. Die Verfolgung der jüdischen Bürger war zwar angekündigt worden, aber die meisten

Menschen wollten nicht glauben, dass ein Staat sich aussuchte, welche Bürger er haben wollte und welche nicht.

Bürger jüdischen Glaubens durften bald nicht mehr arbeiten. Es wurde ihnen verboten, die Straßenbahn zu benutzen, sich in Parks auf Bänke zu setzen. Ihre Kinder wurden aus den Schulen ausgeschlossen.

Sie durften nichts behalten: Der Staat nahm ihnen ihre Häuser und ihren gesamten Besitz weg. Sie mussten in Häuser ziehen, in denen sehr viele jüdische Menschen zusammenlebten. Die Verzweiflung dieser Menschen war groß, denn sie konnten nicht mehr selbst bestimmen, wie und wo sie leben wollten.

Damit überprüft werden konnte, ob sie sich an die Anordnungen hielten, mussten sie an ihrer Kleidung einen gelben Stern tragen: Erwachsene, Jugendliche, Schulkinder durften ohne den gelben Stern ihre Wohnung nicht verlassen. Wer gegen dieses Gebot verstieß, wurde hart bestraft.

Es wurden aber auch diejenigen bestraft, die Kontakt zu jüdischen Bürgerinnen und Bürgern hatten. Bürgerinnen und Bürgern, die jüdischen Menschen halfen, wurden als Feinde des Staates ins Gefängnis geworfen.

Aber auch andere Menschen wurden verfolgt: Kranke und behinderte Menschen wurden umgebracht. Pastoren, Priester, Bischöfe der evangelischen und der katholischen Kirche wurden ins Gefängnis geworfen und ermordet: Sie hatten in ihren Predigten die Gläubigen aufgerufen, sich gegen die Regierung zu stellen, die Gewalt gegen ihre Bürger übt und die nicht die *Menschenrechte* achtet.

Menschen, die keinen festen Wohnsitz hatten und mit Wohnwagen und Zelten durch das Land reisten – Sinti und Roma – wurden ebenfalls verfolgt, verschleppt, umgebracht – wie viele andere Menschen, die durch ihr Anderssein nicht in Hitlers Bild vom deutschen Menschen passten.

Große Veranstaltungen führen Tausende von Menschen zusammen

Gleichzeitig mit der Verfolgung vieler Bürgerinnen und Bürger begann die Regierung Hitlers, unglaublich große Parteiveranstaltungen zu organisieren. Tausende von Menschen mussten auf großen Plätzen oder in dafür gebauten riesigen Hallen antreten. Dort hörten sie, was alles im Deutschen Reich besser werden sollte. Das versammelte Volk jubelte und freute sich darüber, dass es nun eine Volksgemeinschaft gab, zu der sie gehörten. Sie glaubten, dass das Deutsche Reich nun wieder Macht und Ansehen gewinnen würde.

Menschen dürfen nicht mehr selbst entscheiden, wie sie ihr Leben gestalten

Die Kinder wurden, sobald sie in die Schule kamen, von Lehrerinnen und Lehrern unterrichtet, die der Partei angehörten. Sie lernten, dass nur Deutsche gute Menschen seien.

Mit zehn Jahren mussten die Mädchen zu den *Jungmädel*-Nachmittagen gehen. Dort trieben sie Sport, wanderten, bastelten und hörten Geschichten und lernten Lieder, die die Partei vorschrieb. Marschieren mussten sie aber nicht, denn die sollten nicht wie Jungen zu Soldaten erzogen werden. Also trieben sie nur noch Sport.

Die Jungen kamen mit zehn Jahren zum *Jungvolk*. Dort lernten sie Waffen kennen, trieben viel Sport und lernten, wie Erwachsene zu marschieren. Dazu sangen sie kriegerische Lieder.

Jungen und Mädchen hatten ihren Gruppenführerinnen und -führern zu gehorchen. Sie mussten in Uniform zu diesen Versammlungen kommen.

Wer nicht mitmacht, wird aus der Gemeinschaft ausgeschlossen

Wenn Eltern nicht erlaubten, dass ihre Kinder zu den Veranstaltungen gingen, hatten die Kinder darunter zu leiden: Sie wurden aus der Klassengemeinschaft ausgeschlossen. Ihre Eltern selbst wurden für „unzuverlässig" gehalten: Sie erzogen ihre Kinder nicht so, wie es die Regierung für richtig hielt.

Die Jugendlichen und die jungen Erwachsenen sollten von den Führern der Partei so erzogen werden, dass sie an Hitler wie an einen Gott glaubten. Alles, was er ihnen in seinen Reden vortrug, sollten sie gut und richtig finden. Er bestand darauf, dass das ganze Volk nur noch auf ihn hörte. Zweifel waren nicht erlaubt.

Zuerst ging es vielen Menschen besser

In den großen Städten waren viele Bewohner arbeitslos. Väter und Mütter wussten nicht, wovon sie ihren Kindern etwas zu essen kaufen sollten, weil sie kein Geld verdienten.

Sobald Hitler das Land regierte, begann er, neue Straßen zu bauen. Dabei fanden viele Arbeitslose Arbeit. Das Heer wurde vergrößert, viele Männer wurden Soldaten. Wer sich offen zu den Nationalsozialisten bekannte, wurde belohnt: Kaufleute, Fabrikbesitzer, Beamte des

Staates wurden mit Aufträgen belohnt, bekamen mehr Geld und größeres Ansehen.

Die *Reparationszahlungen* an die Siegermächte, die das Deutsche Reich nach dem Weltkrieg zu leisten hatte, wurden eingestellt. Das Geld wurde stattdessen an Industrieunternehmen gezahlt, die Waffen, Panzer, Lastwagen für das Militär herstellten. In Bekleidungsfabriken wurden Uniformen für Frauen im Arbeitsdienst, für Soldaten, Polizisten geschneidert. Auch so bekamen Arbeitslose wieder Arbeit.

Ein neuer Krieg wird vorbereitet

Bevor Hitler an die Macht kam, hatte er schon gesagt, dass das Deutsche Reich nach dem Weltkrieg zu wenig Land hat, um das Volk zu ernähren. Nun wies alles darauf hin, dass Vorbereitungen für einen neuen Krieg getroffen wurden. Die Menschen, die den Weltkrieg miterlebt hatten, fürchteten sich sehr vor einem neuen Krieg und warnten davor, dem neuen Führer zu vertrauen.

Es gab aber auch viele, die durch die Vorbereitungen Arbeit und Brot bekamen. Sie waren der Ansicht, ein neuer Krieg sei notwendig. Nur so könne das Deutsche Reich die durch den Weltkrieg erlittene Niederlage vergessen machen.

1939: Es ist wieder Krieg

Im August 1939 mussten viele Männer in die Kasernen einrücken. Dort wurden sie ein paar Wochen lang an verschiedenen Waffen ausgebildet. Anders als zu Beginn des Weltkrieges 1914 standen aber nicht die Frauen und Kinder am Straßenrand und verabschiedeten ihre Männer und Brüder mit Hurrarufen und Blumen.

Am 1. September 1939 begann der 2. Weltkrieg. Er dauerte bis zum 8. Mai 1945. Wieder ging ein Krieg vom Deutschen Reich aus. Zuerst marschierten deutsche Soldaten in Polen ein. Sie rückten danach immer weiter in andere Länder vor. Am Anfang wurden Siege gefeiert. Viele Menschen waren begeistert von den Erfolgen der Soldaten. Aber es gab auch viele, die es für Unrecht hielten, einfach fremde Länder zu überfallen.

Im Ausland herrschte tiefe Empörung über den Eroberungskrieg der Deutschen, und die anderen Länder schlossen sich zusammen, um gemeinsam gegen die Eroberer vorgehen zu können.

Der Rundfunk verbreitet Siegesnachrichten

Anders als im 1. Weltkrieg gelangten die Siegesnachrichten in diesem Krieg schnell in jedes Haus. Ein Radiogerät, der *Volksempfänger*, hielt Einzug in fast alle Haushalte. Rundfunk machte es möglich, die Bürgerinnen und Bürger schneller über die Erfolge der Kämpfe zu informieren, als es bis dahin möglich war. Nicht nur Nachrichten wurden gesendet. Fröhliche Musik und Unterhaltungssendungen sollten die Hörerinnen und Hörer vom Krieg ablenken. Es wurde aber von der Regierung entschieden, was aus dem Krieg berichtet werden durfte. Die Bevölkerung sollte weiterhin glauben, dass der Krieg für das Deutsche Reich nur Siege brachte.

Es gab einen „Propaganda-Minister“, der für die Verkündung der Siege und für die Verbreitung guter Stimmung im Land zuständig war. Er hieß *Joseph Goebbels*. Seine Stimme war besonders oft im Radio zu hören. Von Gegnern der Regierung bekam das Radio deswegen den Namen „Goebbels-Schnauze“.

Nachrichten aus dem Ausland zu hören, war bei Strafe verboten

Sehr bald entdeckten pfiffige Rundfunkhörer, dass sie mit diesem Gerät Nachrichten aus dem Ausland empfangen konnten. Die ausländischen Sender berichteten allerdings anders über den Kriegsverlauf als der Sender der Regierung. Die deutschen Soldaten, hieß es dort, seien im Kampf schon sehr geschwächt worden, viele hunderttausend Soldaten hätten bereits das Leben verloren. Sie hätten nicht mehr genug Waffen und Munition, um den Krieg noch zu gewinnen.

In den deutschen Nachrichten hieß es dagegen, der Führer habe eine neue Wunderwaffe. Mit ihr könnten die Feinde vernichtet werden. So schöpften viele Leute noch Hoffnung und glaubten weiter an einen Sieg des Deutschen Reiches.

Die Regierung befürchtete, dass das Volk nicht mehr bereit sein werde, weiter zu kämpfen, wenn es erfuhr, dass der Krieg nicht mehr zu gewinnen sei. Die Menschen sollten auf keinen Fall die Wahrheit wissen. Deswegen war es strengstens verboten, *Feindsender* zu hören. Wenn jemand bei der Polizei angezeigt wurde, weil er Feindsender hörte, wurde er dafür mit dem Tode bestraft.

Die Zerstörung des Landes
Immer mehr Menschen zweifelten daran, dass der Krieg zu gewinnen sei. Die im Laufe des Krieges im Deutschen Reich angerichteten Schäden waren für die Bevölkerung deutlich zu sehen. Britische und amerikanische Bomben hatten Städte in Trümmerwüsten verwandelt. Häuser waren von den Bomben in Brand gesetzt und gesprengt worden. Ziegelsteine, verkohlte Balken, Teile von Möbeln, Staub, Asche bedeckten Straßen und Wege. Manchmal waren Häuserwände noch stehen geblieben. Sie drohten einzustürzen. Trotzdem suchten die Bewohner, die die Zerstörung überlebt hatten, in den Trümmern nach Möbeln oder anderen Dingen, die ihnen gehörten. Sie besaßen nicht mehr als das, was sie mit in den Luftschutzkeller genommen hatten, und die Kleidung, die sie gerade trugen.

Ganze Stadtteile der großen Städte waren zerstört. Dort, wo einst prächtige Geschäftsstraßen zum Bummeln lockten, säumten jetzt zerstörte Häuser den Weg. Tag und Nacht warfen englische und amerikanische Bombenflugzeuge ihre vernichtende Fracht ab.

Der Krieg traf alle Menschen: Frauen, Männer, Kinder, Anhänger der Regierung wie Gegner. Die Mitglieder der Regierung versteckten sich in Bunkern an geheimen Orten und waren in Sicherheit. Sie wussten nicht, wie die Bewohner des Landes unter dem von ihnen geführten Krieg zu leiden hatten.

Trotzdem verkündeten Hitler und seine Minister weiterhin, dass der Krieg gewonnen werde, wenn sich nun alle Männer in den Dienst des Kampfes stellen. Es wurden Jungen, kaum älter als 14 Jahre, genauso *eingezogen* und mit Waffen versehen wie Männer, die schon so alt waren, dass sie kaum noch kämpfen konnten.

Aufrufe zum Kampf
Auch Mädchen und Frauen wurden nicht verschont. Wenn sie älter als 14 Jahre alt und unverheiratet oder verheiratet, aber kinderlos waren, mussten sie als Sanitäterinnen Verletzte versorgen oder in Munitionsfabriken arbeiten. Dort passierten schlimme Unfälle, die Arbeiterinnen töteten.

Frauen mit Kindern wurden nicht zum Dienst verpflichtet, denn möglichst viele Kinder zu bekommen, sie zu versorgen und zu erziehen wurde zur edelsten Aufgabe erklärt. Frauen, die viele Kinder bekommen hatten, bekamen von Hitler eine hohe Auszeichnung, weil sie „dem Führer viele deutsche Kinder schenkten".

Kinderlandverschickung
Als ab 1940 das Leben in den Großstädten durch die Zerstörungen, die fehlenden Lebensmittel und die Bedrohung durch Bomben aus der Luft unerträglich wurde, begann die *Kinderlandverschickung*. Eltern sollten ihre Kinder an weit entfernten Orten ohne Bombengefahr in Sicherheit bringen. Mütter brachten ihre Kinder auf dem Land in Sicherheit, wenn sie dort Freunde oder Verwandte hatten.

Die meisten Kinder wurden auf Anweisung der Regierung mit ihren Schulklassen an Orte verschickt, denen keine Gefahr durch Bomben zu drohen schien. Sie lebten in Kinderheimen und Jugendlagern unter der Aufsicht von Lehrerinnen und Lehrern, von Erzieherinnen und *BDM- und HJ-Mitgliedern*.

Nicht die Sicherheit der Kinder war jedoch das Hauptziel der Kinderlandverschickung. Die Kinder sollten fern ihrer Familien im Sinne des Nationalsozialismus erzogen werden. Die Mädchen mussten die Arbeit in Küche und Haus übernehmen: bei der Essenszubereitung helfen, putzen und waschen, Handarbeiten ausführen – alles lernen, was sie als spätere Hausfrauen und Mütter können mussten.

Bei den Jungen stand Sport im Vordergrund, der Umgang mit Waffen, das Ausheben von *Splittergräben* – kurz, alles, was sie als Männer können müssten.

Eine große Flucht beginnt
Viele Jahre lang war von Hitler und seinen Ministern verbreitet worden, dass die Russen keine Menschen, sondern *Bestien* seien. Sie müssten vernichtet werden. Deswegen hatten die Menschen, die im Osten des Reiches wohnten, große Angst vor den Russen. Durch die Dörfer ziehende Menschen, die schon vor den Russen geflohen waren, berichteten von schrecklichen Erlebnissen: dass alte Männer und Jungen erschossen, dass Häuser in Brand gesteckt, Viehherden getötet worden waren.

Als die russischen Heere die Grenze zum Deutschen Reich überschritten hatten, machten sich die Bewohner der Städte und Dörfer auf die Flucht nach Westen. Sie hofften, den Russen zu entkommen. Zu Fuß, mit Pferdefuhrwerken oder in Eisenbahnwaggons, in denen eigentlich nur Vieh transportiert werden konnte, machten sich Tausende von Menschen auf den Weg. Es schneite, der Winter 1944/45 brachte eisige Kälte, Schnee und Stürme.

Auf ihrer Flucht kamen viele Menschen ums Leben: Sie wurden von Panzern überfahren, hatten keine Kraft mehr weiterzuziehen, blieben im Schnee stecken und erfroren. Niemand hatte Zeit, um die Toten zu trauern. Die Angst trieb sie weiter. Monatelang lebten die Fliehenden auf den Straßen. Viele wussten nicht, wohin sie gehen sollten.

Familien wurden in dem endlosen Menschenzug auf den Straßen getrennt. Wer verloren ging, musste sehen, dass er allein weiterkam. So gingen auch viele Kinder verloren. Noch viele Jahre nach dem Krieg wurden sie von Angehörigen gesucht. Das *Rote Kreuz* hatte einen Suchdienst eingerichtet, mit dessen Hilfe Kinder und Eltern wieder zusammengeführt werden konnten. Viele Menschen aber blieben *verschollen*.

Familien der russischen Soldaten haben ebenfalls Schreckliches erlebt

Es gab aber auch russische Soldaten, die berichteten, was ihren Landsleuten von Deutschen angetan worden war. Viele hatten ihre Familien verloren, Frauen und Kinder waren ermordet worden, Städte zerbombt und Dörfer dem Erdboden gleich gemacht worden. Dafür rächten sich die Soldaten nun.

Zu Kindern aber waren die russischen, englischen, französischen und amerikanischen Soldaten freundlich.

Das Ende des Krieges

Schon lange war abzusehen, dass der Krieg nicht zu gewinnen war. Von siegreichen Soldaten wurde zwar noch im Radio gesprochen, aber es war deutlich zu sehen, dass das nicht stimmte.

Soldaten, die noch am Leben waren, zogen auf den Straßen und Wegen vorüber. Ihre Uniformen waren zerfetzt. Sie schlichen müde und verzweifelt mit zerrissenem Schuhwerk durch das Land. Sie wurden sofort erschossen, wenn sie versuchten, sich den Kämpfen zu entziehen und einfach nach Hause gingen.

Bis zum 8. Mai 1945 dauerte dieser schreckliche Krieg. Erst dann *kapitulierte* die Regierung und ergab sich den Siegermächten: den Amerikanern, den Russen, den Engländern und den Franzosen.

Die Folgen des Krieges treffen die Menschen aller am Krieg beteiligten Länder

Erst langsam wurde den Überlebenden in Deutschland bewusst, dass ein Volk, in dessen Namen ein Krieg angefangen wird, dafür bestraft wird. Die Strafe trifft vor allem die Bevölkerung, egal, ob sie den Krieg richtig fand oder nicht.

In allen Ländern, die am Krieg beteiligt sind, haben die Bewohner unter den Folgen des Krieges zu leiden. Menschen werden getötet oder sterben an Hunger. Krankheiten breiten sich aus, weil es nicht genügend Medizin gibt. In Notzeiten sind es die kleinen Kinder, die ohne Schuld leiden und sterben.

Deutschland wird geteilt

Die am längsten in Deutschland zu spürende Folge des Krieges war die Teilung des Landes. Schon vor dem Ende des Krieges wurde festgelegt: Die USA, Großbritannien, Frankreich und die Sowjetunion sollten verschiedene festgelegte Gebiete verwalten. Das Deutsche Reich sollte zerschlagen werden, damit keine Kriegsgefahr mehr von ihm ausgehen könnte.

Polnische Bürgerinnen und Bürger waren aus ihrer Heimat im Osten von den Russen vertrieben worden. Sie fanden eine neue Heimat dort, wo im Süden, Norden und Westen des heutigen Polen deutsche Bürgerinnen und Bürger vor den heranziehenden Russen geflüchtet waren oder von Polen vertrieben wurden.

Diese Folgen hatte die Regierung Deutschlands nicht bedacht. Sie war fest überzeugt, dass der Krieg mit der Niederlage der Feinde enden würde. Als der Krieg verloren war, beging Hitler 1945 Selbstmord und konnte nicht für das, was er den Menschen angetan hatte, von einem Gericht verurteilt und bestraft werden.

Informationen: Zur Geschichte des Judentums

Ein Ausflug in die Vergangenheit

Vor langer Zeit glaubten alle Menschen daran, dass es viele Götter und auch einige Göttinnen gab. Sie besaßen Macht, die die Menschen nicht hatten: Der Gott des Meeres war z. B. in der Lage, das Wasser und die Lebewesen darin zu beeinflussen. Ein anderer Gott war für das Wetter zuständig: Er schleuderte Blitz und Donner auf die Erde, türmte Wolken am Himmel auf, aus denen Regen fiel, oder ließ die Wolken verschwinden. So hatte jeder Gott eine bestimmte Aufgabe.

Den Göttern wurden menschliche Gefühle nachgesagt: Sie fühlten Zorn und Freude, Liebe und Hass, hatten unterschiedlich viel Macht. Götter konnten, so glaubten die Menschen, das Leben der Menschen gut oder schlecht beeinflussen. Also versuchten sie, die Götter gnädig zu stimmen, indem sie ihnen Opfer brachten. Das konnten Tiere sein oder nur das Blut von Tieren, aber auch Speisen wurden den Göttern dargebracht.

Die Götter unterschieden sich von den Menschen dadurch, dass sie unsterblich waren und so zu allen Zeiten die Geschicke der Menschen lenken konnten.

Juden – ein Volk mit einer langen Geschichte
Der jüdische Glaube (und damit die Geschichte des Judentums) wurde vor ungefähr 4000 Jahren begründet. Ein Mann, *Abraham*, verkündete: Es gibt nur einen einzigen Gott. Er zerstörte alle Götter-Standbilder bis auf eines. Es stand als Zeichen dafür, dass die Menschen von nun an nur noch zu einem einzigen Gott beten sollten. Abraham wird daher als Stammvater der Juden betrachtet.

Auch in anderen Religionen beten die Gläubigen nur zu einem Gott
Vor ungefähr 2000 Jahren entwickelt sich aus dem Judentum das *Christentum* und vor etwa 1400 Jahren der *Islam*.

Juden, Christen und Moslems ist gemeinsam: Sie beten nur zu einem einzigen Gott. Sie haben schriftlich das Wort Gottes festgehalten, das ihnen Regeln für das Leben in der Gemeinschaft gibt.

Das Wort Gottes ist für die Juden in der *Tora*, für die Christen in der *Bibel* und für den Islam im *Koran* aufgeschrieben. Alle drei Religionen streben ein Leben nach den in der Tora, in der Bibel oder im Koran niedergeschriebenen Gesetzen an. Wer sich nicht an die Regeln hält, wird von Gott oder von auserwählten Menschen gestraft.

Das Volk der Juden – ein kleines Volk
Jude war und ist, wer Kind einer jüdischen Mutter ist. Das Volk der Juden war immer ein kleines Volk. Es hält sich für das von Gott auserwählte Volk. Seine Religion hat seit 4000 Jahren bis heute überlebt.

Ägypter waren vor ungefähr 5000 Jahren, Griechen vor 3000 Jahren und Römer vor 2000 Jahren sehr mächtig. Sie hatten große Teile der Welt erobert. Aber ihre Reiche zerfielen. Ihre Kultur ist nur noch bekannt, weil in alten Schriften und Bauwerken Zeugnisse ihres Lebens gefunden worden sind, die lange Zeit verschwunden waren: Der Sand der Wüste oder die Wasser des Meeres oder großer Flüsse hatten sie bedeckt.

Die Juden wollten keine fremden Länder erobern, und sie versuchten nicht, andere Völker für ihren Glauben zu gewinnen. Sie strebten danach, ein gottgefälliges Leben zu führen und ihre Vorstellungen davon in ihrem Leben umzusetzen.

Juden streben danach, viel zu lernen und sich großes Wissen anzueignen – das ist für sie ein Dienst für Gott. Anders als andere Religionen kennen die Juden keinen Religionsführer. Sie beten gemeinsam in ihrer Kirche, der Synagoge. Rabbiner sind Männer, die die Tora besonders gut studiert haben. In der *Synagoge* liest der *Rabbiner* aus der Tora und betet mit den Gläubigen. Er ist gleichzeitig Berater der Gläubigen in allen Fragen des Lebens.

Judenverfolgung
Juden lebten in ihrer Gemeinschaft nach eigenen in der Tora festgelegten Regeln. Weil sie gut zusammen hielten, waren sie Kaisern und Königen verdächtig. Ihre Art, ihr Leben nach alten und strengen Gesetzen zu leben, verstanden Menschen in allen Zeiten nicht. Juden wurden immer wieder von Andersgläubigen verfolgt. Ihnen war in vergangenen Jahrhunderten z. B. verboten, Land zu kaufen und Ackerbau und Viehzucht zu betreiben. Sie durften auch kein Handwerk ausüben.

Das einzige, was ihnen erlaubt war: Sie durften Geld verleihen und *Zinsen* dafür einnehmen. Das war den Christen vom *Papst* verboten worden. Später durften Juden Handel treiben. So wurden sie Geldverleiher und Kaufleute. Im 19. und 20. Jahrhundert wurden sie schließlich auch *Heilkundige* und Ärzte, Maler, Architekten, Dichter und Schriftsteller, Lehrer und Beamte.

Schon im Mittelalter wurde Juden die Schuld an unerklärlichen Ereignissen zugeschoben. Seit dem 14. Jahrhundert wütete eine schreckliche Krankheit in Europa, die *Pest*. Unglaublich viele Menschen starben daran. Man konnte sich nicht erklären, warum die Krankheit so viele Menschen dahinraffte. So bekamen die Juden die Schuld dafür und wurden aus Städten und Ländern vertrieben.

Bis in unser Jahrhundert werden Juden verfolgt.

Juden in Deutschland
Im *1. Weltkrieg* haben viele jüdische Männer als Soldaten für ihr deutsches Vaterland gekämpft. Viele sind im Krieg gefallen, andere haben hohe Auszeichnungen vom Kaiser erhalten für ihre Tapferkeit.

Sie waren in den Städten geachtete Bürger. Einige erwarben sich hohe Anerkennung in der

Politik. Um ihnen ein Denkmal zu setzen, wurden Straßen und Plätze nach ihnen benannt. Aber auch berühmte Ärzte, Maler, Architekten, Komponisten, Dichter und Wissenschaftler erlangten Ruhm, Ehre und Ansehen.

Als nach dem 1. Weltkrieg Deutschland von den Siegermächten zu hohen *Reparationszahlungen* verpflichtet wurde, begann der Hass auf Juden sehr schlimm zu werden. Ihnen wurde die Schuld dafür gegeben, dass Deutschland den Krieg verloren hatte.

In Reden – vor allem des Führers der *Nationalsozialistischen Deutschen Arbeiterpartei* – wurden die Menschen gegen die Juden aufgehetzt. Jüdische Bürger wurden als *minderwertige* Menschen bezeichnet. Schon lange, bevor Hitler an die Regierung kam, hatte er Hass gegen die Juden gepredigt – das konnten die Menschen auch in dem von ihm geschriebenen Buch nachlesen. Aber er wurde nicht ernst genommen. Es konnte sich kaum jemand vorstellen, dass ein Mann die Vernichtung eines ganzen Volkes planen und die Verwirklichung des Planes anstreben könnte.

Herr Simon erzählt seine Geschichte

Geburtstag

Ich feierte meinen achten Geburtstag. Alle Kinder, mit denen ich zur Schule ging, durfte ich einladen. Unsere Freunde und Freundinnen aus dem Nachbarhaus kamen natürlich auch. Es war herrliches Wetter, sodass wir im Garten feiern konnten. Fröhlich spielten und sangen wir. Zwischendurch setzten wir uns an den langen Tisch, um uns zu stärken. Kuchen und Kakao gab es, und ein schönes Abendessen.

Salon

Ein ernstes Gespräch

Wenige Tage später saß unsere ganze Familie im *Salon* zusammen. Meine Eltern blickten ernst, ja bedrückt. Mutter nickte Vater zu. Er begann:
„Ihr habt in der Stadt schon oft Männer in braunen Uniformen gesehen. Männer in solchen Uniformen regieren jetzt unser Land. Ihr Anführer *Adolf Hitler* verspricht, dass das Deutsche Reich wieder so mächtig wird wie vor dem Weltkrieg. Er und seine Anhänger wollen dafür sorgen, dass wieder Ruhe und Ordnung in Deutschland herrschen. Das Deutsche Volk sei das tüchtigste Volk.
Das Deutsche Reich musste viel Land an die Siegermächte abgeben. Das Land und die dort wohnenden Menschen fehlen. Die *Reparationen* nach dem Weltkrieg *ruinieren* die Wirtschaft, deswegen hungert und friert das Volk. Dieser Hitler behauptet, dass daran vor allem die überall in Europa und in der ganzen Welt lebenden *Juden* Schuld haben."
Meine Mutter fuhr fort: „Der neue Reichskanzler Hitler hat in einem Buch geschrieben: Die Juden in Deutschland sind Fremde im Land. Sie sind schlechte Menschen. Deutschland ist nur für die Deutschen da. Deshalb müssen alle Juden aus dem Deutschen Reich vertrieben werden."

Ein Ausflug in die Familiengeschichte

„Vater, Mutter, was bedeutet das für uns?“, erkundigte sich meine ältere Schwester. Vater überlegte kurz und erklärte: „Wir sind Juden. Im vorigen Jahrhundert sind unsere Ur-Ur-Großeltern in diese Stadt gekommen. Sie waren tüchtig und sparsam. Bald konnten sie ein kleines Haus kaufen. In dem Haus richteten sie ein Ladengeschäft ein. Sie verkauften Stoffe und Nähgarn und alles, was man zum Nähen brauchte. Weil sie sparsam und fleißig waren, konnten sie unser jetziges Geschäftshaus bauen. Zuerst wohnten sie über dem Laden. Erst viel später ließen sie dieses schöne Wohnhaus bauen. Seit 78 Jahren lebt unsere Familie in dieser Stadt. Wir sind hier zu Hause. Niemand hat sich daran gestört, dass wir keine Christen, sondern jüdischen Glaubens sind – genau wie Rosenbergs und Samuelsens und einige andere Familien. Euer Großvater, mein Vater, ist im Weltkrieg freiwillig Soldat gewesen. Nur wer Bürger eines Landes ist, darf Soldat sein. Er hat für das Deutsche Reich gekämpft und ist sogar vom Kaiser für besondere Tapferkeit ausgezeichnet worden.“

Vater wird gewarnt

„Wie ihr wisst, habe ich Schulfreunde, die in Berlin leben und arbeiten. Einer davon hat mich vor ein paar Wochen besucht. Er war sehr besorgt“, fuhr Vater fort. „Er hat erfahren, dass alle Juden in Deutschland in Gefahr sind. Er sagte, dass wir dieses Land verlassen sollen, solange es noch geht. Wir sollen nicht warten, bis die Regierung beginnt ihre Pläne umzusetzen. Dann gibt es für uns keine Möglichkeit mehr, das Land zu verlassen. Und auch andere Freunde haben mich gewarnt vor dem, was kommen wird.“

Ein Blick in die Zukunft

Vater spricht leise weiter: „Mutter und ich haben schon nächtelang nicht geschlafen und immer wieder überlegt, was wir tun sollen. Nun haben wir uns entschieden. Wir wollen mit euch dieses Land verlassen.“

„Vielleicht noch nicht heute oder morgen. Aber, den Juden soll alles weggenommen werden: ihr Geschäft, ihr Haus, alles was sie besitzen“, erklärte meine Mutter leise. Nach einer Pause fuhr sie fort: „Vater und ich wissen um die Gefahr, die für alle jüdischen Familien mit der neuen Regierung heraufzieht. Vater wird das Geschäft und dieses Haus verkaufen. Er hat schon einen Käufer für beides gefunden.

Eure Großeltern, meine Eltern, sind Schweizer Bürger. Auch ich bin Schweizer Bürgerin. Wir werden in die Schweiz gehen. Ihr wart ja schon mehrere Male dort. In der Schweiz werden wir in Sicherheit leben können. In wenigen Wochen reisen wir hier ab. Vater wird so lange bleiben, bis unsere Möbel verladen und auf den Weg in unsere neue Heimat gebracht sind.“

Der Abschied steht bevor

Wir Kinder konnten es nicht fassen: In ein anderes Land ziehen? Weit weg von unseren Freunden und von unserer Schule? In eine fremde Schule gehen, in der ganz anders gesprochen wird als bei uns? Das konnten wir uns nicht gut vorstellen.
„Können wir unsere Freunde hier besuchen, wenn wir in der Schweiz wohnen?", wollte ich wissen. „Vielleicht", antwortete meine Mutter. Meine älteste Schwester meinte schließlich: „Wir gehen ja nicht in die Fremde. Wir wissen doch, was uns dort erwartet: freundliche Menschen, denen es gleichgültig ist, welcher *Glaubensgemeinschaft* wir angehören." Sie lächelte dabei, als hätten wir eine schöne Urlaubsreise vor uns.
Das nahm uns jüngeren Kindern ein wenig die Angst.
„Es ist besser, wenn ihr euch nur von euren Freunden im Nachbarhaus verabschiedet", riet unsere Mutter, „die anderen Kinder in der Schule brauchen nicht zu wissen, dass wir fortgehen."

Die Reise in ein neues Leben beginnt

Meine Mutter reiste mit uns Kindern und unserem Kindermädchen im Zug in die Schweiz. Aufgeregt waren wir, denn die Bahnfahrt schien uns, wie schon jedes Mal, ein aufregendes Abenteuer. Wir wussten, dass wir im Zug sogar schlafen würden. Einen ganzen Tag und eine Nacht dauerte es, bis wir am Ziel waren.
Am Ziel empfingen Großvater und Großmutter uns. Ich merkte, dass Mama sich heimlich ein paar Tränen abwischte, als sie von ihrem Vater in den Arm genommen wurde.
Ein paar Wochen wohnten wir bei den Großeltern, die uns sehr verwöhnten.
Erst, als in unserem neuen Haus alle Möbel aufgestellt waren, zogen wir ein.
Immer wieder dachten wir an die Freundinnen und Freunde, die wir zurückgelassen hatten. Meine große Schwester Anna meinte: „Was wohl aus der Familie Rosenberg wird. Miriam weinte herzzerreißend, als ich mich von ihr verabschiedete. Ihre Eltern meinen, es wird schon nicht so schlimm werden. Sie wollen in Deutschland bleiben."

Herr Hahn: Durch unsere Familie ging ein Riss

Unsere Familie

Wir waren eine große Familie. Meine Eltern hatten beide mehrere Geschwister. Meine Großeltern wohnten am Rande der Großstadt in einer *Kleingarten-Kolonie* – in Häusern, die eigentlich Gartenhäuser gewesen waren. Immer, wenn sie Baumaterial bekommen hatten, war an das Gartenhaus angebaut worden. Als in der Notzeit die Mieten für ihre Wohnung zu hoch wurden, entschlossen sie sich, ganz umzuziehen.
Drei Geschwister meiner Eltern wohnten wie wir in der Nähe der Kleingarten-Kolonie. Ihre Kinder, unsere Cousins und Kusinen, waren unsere liebsten Spielgefährten. An Geburtstagen trafen wir alle bei den Großeltern zusammen und feierten fröhlich.

1933: Politik kommt ins Spiel

Mein ältester Bruder Franz hatte keine Arbeit und war unzufrieden mit sich und der Welt. Immer wieder ging er zu politischen Versammlungen. Dabei gab es wohl auch Schlägereien, denn viele Male kam er mit Verletzungen nach Hause. „Die Polizei hat uns brutal auseinandergetrieben!", berichtete er mehrmals empört.
Wenige Wochen später verkündete er zu Hause: „Die *Demokratie* der *Weimarer Republik* ist Unsinn. Das Deutsche Volk hat eingesehen, dass es einen starken Führer braucht. Er führt unser Land zu größerer Stärke als jemals vorher. Das Deutsche Volk ist stark. Es wird unter der Führung von *Adolf Hitler* allen Ländern zeigen, dass es ohne Waren und Lebensmittel aus dem Ausland auskommt und sich selbst versorgen kann. Freundschaft mit anderen Völkern wird es nicht mehr geben. Das deutsche Volk ist den anderen Völkern überlegen, alle anderen sind minderwertig.
Die Idee, dass es überall in der Welt Frieden geben soll, ist dummes Geschwätz und eine Erfindung der Juden. Die Juden sind ein Volk ohne Geist und ohne Kultur. Sie haben in Deutschland nichts mehr zu suchen. Es ist die Schuld der Juden, dass Deutschland so hohe *Reparationszahlungen* leisten muss. Damit ist jetzt Schluss.
Ich bin heute in die *Nationalsozialistische Deutsche Arbeiterpartei* eingetreten. Unser Führer Adolf Hitler sorgt dafür, dass ich Arbeit bekomme. Jetzt werden endlich wieder andere Verhältnisse einkehren. Das Deutsche Reich wird der Welt zeigen, wie überlegen es den anderen Ländern ist!", schloss mein Bruder.

Vater ist empört

Entsetzt schauten Vater und Mutter meinen Bruder an. „Die Juden sollen Schuld haben, dass der Krieg verloren ist?", fragte Vater. „Der Kaiser war es, der das Unheil angerichtet hat. Und dass wir ohne Waren aus dem Ausland auskommen, ist purer Blödsinn. Hunger und Elend sind doch nur dadurch so groß, weil aus dem Ausland keine Lebensmittel mehr kommen, und für die Fabriken keine Rohstoffe wie zum Beispiel Eisenerz. Wenn du mich fragst: Aus allen Reden dieses Adolf Hitler sind nur Hetze gegen das Ausland und Hass gegen die Juden zu hören. Die Juden sind doch genau solche Menschen wie du und ich! Sie haben nur einen anderen Glauben als wir!"

Mein Bruder droht meinen Vater

„Du, lass das bloß keinen hören! Wenn du so was sagst, kommst du ins Gefängnis!" rief mein Bruder.

„Das wird ja immer schlimmer! Mein eigener Sohn verbietet mir, meine Meinung zu sagen! Was für eine Regierung ist das, die den Leuten verbietet, zu sagen, was sie denken? Das ist *Diktatur* wie in Russland! Da darf auch keiner sagen, was er denkt!", empörte sich mein Vater.

„Alle aus unserer Familie, die keine Arbeit haben, denken wie der Führer! Frag mal die anderen! Der Fritz und der Karl tragen schon längst die braune Uniform. Noch einmal, Vater: Sei vorsichtig, was du sagst!"

Dann ging er fort. Meine Eltern blieben ratlos zurück.

Ich hatte durch die dünne Wand das Gespräch mitgehört. Vieles verstand ich nicht, aber so viel doch: Mein Bruder war Anhänger der Partei, mein Vater war gegen sie. Meine Mutter hielt sich aus dem Gespräch heraus.

Der Familienrat wird zusammengerufen

Am Nachmittag beim Spielen hatte ich meine Cousins und Kusinen leise gefragt, ob ihre Eltern auch so ärgerlich waren über die großen Brüder und die Politik. Es war bei ihnen genau dasselbe wie bei uns. Die Eltern hatten uns eingeschärft: „Was bei uns zu Hause gesprochen wird, geht niemanden etwas an! Wenn die Brüder im Haus sind, wird nicht über Politik gesprochen! Auch mit Schulfreunden wird nicht über Politik gesprochen! Denkt daran!"

Meine Onkel und Tanten kamen später am Abend zu uns. Alle Erwachsenen saßen in der Küche um den großen Tisch herum. Wir jüngeren Kinder hatten schon in den Betten zu liegen. Wir sollten nicht in die Diskussion hineingezogen werden. Die älteren Kinder waren schon wieder auf irgendwelchen Parteiversammlungen. Onkel Max kam in seiner neuen braunen Uniform und mit glänzenden schwarzen Stiefeln an.

Das Gespräch zeigte, dass außer Onkel Max niemand von der neuen Regierung begeistert war. Aber es traute sich keiner, das so direkt zu sagen. Das Misstrauen gegen Onkel Max verhinderte die offene Aussprache. Es war zu merken, dass nur Onkel Max glaubte, was Hitler sagte.

Am anderen Morgen

„Hast du gesehen, wie großartig sich Max vorkam?", fragte meine Mutter meinen Vater. „Ja, ich fand es schrecklich! Er merkt nicht, wie unsere Freiheit eingeschränkt wird. Nur noch eine einzige Partei gibt es: die NSDAP! Da braucht doch keiner mehr zur Wahl zu gehen! Und wer *Kommunist* oder *Sozialdemokrat* ist, wird einfach ins Gefängnis gesperrt! Und dass Juden, die schon ewig in unserer Stadt wohnen, als minderwertige Menschen bezeichnet werden – das ist ja wie im Mittelalter!" „Fast noch schlimmer!"

Ich verriet niemandem, was ich mitgehört hatte. Es machte mir Angst.

Von nun an durften die Kinder von Onkel Max nicht mehr mit uns spielen, und zu den Familientagen kam seine Familie nicht mehr. Sie luden uns auch nicht mehr ein.

Mein großer Bruder trug inzwischen auch die braune Uniform, genau wie Onkel Max und seine ältesten Söhne. Sie lebten in einer Kaserne und lernten den Umgang mit Waffen und das Marschieren.

Ich merkte, dass meine Eltern Angst um meinen Bruder hatten. Ohne nachzudenken, glaubte er alles, was Adolf Hitler sagte. Aber meine Eltern sagten nicht mehr, was sie davon hielten, so groß war inzwischen ihr Misstrauen.

Marie-Luise hat Geburtstag

Endlich war mein 10. Geburtstag gekommen. Endlich war ich alt genug, um auch in den *Jungmädelbund* zu gehen. Meine Freundinnen hatten mir genau davon berichtet: „Wir sind eine feste Gemeinschaft. Wir treffen uns jede Woche, singen, treiben Sport und lernen *Volkstänze*, das macht großen Spaß. Jeder sieht schon von weitem, dass wir dazugehören, weil wir alle unsere *Uniform* tragen. Vor allem lernen wir beim Sport: Es ist wichtig, eisern Disziplin zu halten und nicht aus der Reihe zu tanzen – nur das zu tun, was alle tun, egal, was kommt."
Meine Brüder gehörten schon längst zur *HJ*, trugen fast immer ihre Uniform – nun fehlten nur noch meine beiden kleinen Geschwister, aber die würden sich noch länger gedulden müssen. Wie lange hatte ich schon darauf hingefiebert, wollte unbedingt dazugehören. Auf dem Geburtstagstisch lag meine nagelneue Uniform mit allem, was dazu gehörte. Natürlich zog ich sie gleich an und ging voller Stolz damit in die Schule. Die meisten Mädchen trugen eine Uniform. Ein paar aber auch nicht. Diese Mädchen fielen sehr auf. Zu ihnen waren die Lehrer, die in Uniform zur Schule kamen, ziemlich unfreundlich.

Die Menschen jubeln den neuen Herren zu
Wir größeren Kinder wurden ja richtig in alles einbezogen. Wenn eine der vielen großen Veranstaltungen der Partei war, gingen meine Eltern mit uns älteren Kinder hin. Wir jubelten den marschierenden Männern in ihren Uniformen zu. Ihre Stiefel blitzten, wenn sie zackig im Gleichschritt vorbeizogen. Auf dem Marktplatz hielt dann ein *hoher Parteigenosse* eine Rede. Ich verstand zwar nicht, was gesagt wurde, aber ich jubelte begeistert mit, weil alle anderen Menschen das auch taten.

Wie alle Nachbarn besaßen auch meine Eltern eine Fahne mit dem Hakenkreuz in der Mitte. Die musste bei jeder Gelegenheit vor unserem Haus aufgezogen werden. Eigentlich brauchte mein Vater sie gar nicht wieder abzunehmen, so oft kam die Anweisung, zu flaggen.

Überall sind „Aufpasser"

In jeder Straße wurde jemand bestimmt, der aufpassen musste, dass sich alle Leute richtig verhielten. Er war der *Blockwart*. Stellte er fest, dass jemand sich nicht an die Anordnungen hielt, meldete er das der Polizei. Als einer unserer Nachbarn seine Flagge an einem Morgen nicht herausgehängt hatte, obwohl das befohlen worden war, wurde er sofort vom Blockwart angezeigt und musste zur Polizei kommen. Erst nach einer Woche kam er wieder nach Hause. Er konnte kaum laufen und hatte viele Verletzungen am Kopf. Aber er sprach mit keinem über das, was er bei der Polizei erlebt hatte, sondern verkroch sich voller Angst in seinem Haus. So ist es noch mehreren gegangen. Aber es beunruhigte anscheinend niemanden, was da geschah.

Wir mussten anders grüßen

Meine Großmutter wohnte in Bayern. Immer, wenn wir mit ihr spazieren gingen, grüßte sie ihre Bekannten mit einem freundlichen „Grüß Gott". Auch in den Geschäften wurden wir so begrüßt. Bei uns zu Hause sagte man „Guten Tag". Dieser Gruß war nun verboten. Es war für alle Menschen Pflicht, beim Gruß die rechte Hand zu heben und „Heil Hitler" zu rufen. Wir Kinder lernten das natürlich auch. In der Schule mussten wir jeden Morgen, wenn unser Lehrer die Klasse betrat, neben unserer Bank stehen. Er grüßte dann, und wir hatten im Chor zu antworten: „Heil Hitler, Herr Lehrer!"

Alle müssen ein Radio haben

Seit einiger Zeit gab es billige *Radios* zu kaufen. In jedem Haushalt musste ein Gerät stehen. Sie hießen *„Volksempfänger"*. Es waren einfache Geräte. Nun konnten sich alle Menschen im Deutschen Reich die Reden der Politiker, allen voran des *Führers*, anhören. In unserer Familie versammelten sich alle um das Radio, um kein Wort zu verpassen. Auch Musik und Nachrichten wurden gesendet. Wir glaubten alles, was da erzählt und versprochen wurde. Meine Eltern störten sich nicht daran, dass immer häufiger das Wort „Krieg" in diesen Reden vorkam. Sie waren der Meinung, dass es gut ist, wenn ein einziger Mann „das Sagen" hat: „Seit Hitler an der Macht ist, gibt es fast keine Arbeitslosen mehr. In der *Weimarer Zeit* gab es doch dauernd Streit, weil so viele Parteien im Parlament waren. Alle wollten etwas anderes, und nie waren sie sich einig. Jetzt gibt es nur noch eine einzige Partei, und schon geht es dem Volk besser!" So ähnlich hörte ich meine Eltern bei jeder Gelegenheit reden.

August 1939: Großvater besucht uns

Mein Großvater war zu Besuch gekommen. Er wollte ein paar Tage bleiben, bevor er sich wieder auf den Heimweg machte. Zu Anfang hörte er sich auch alle Reden im Radio an. Bald wurde ihm „das Geschrei", wie er die lauten Reden im Radio nannte, zu viel. Als meine Eltern am Abend mit Großvater zusammen in der Küche saßen, spielte ich unter dem Fenster mit meinen Puppen. Dort hörte ich, dass sie sich ziemlich laut unterhielten. Das taten sie sonst nie. Sie stritten sich offenbar. Ich spitzte die Ohren und konnte fast jedes Wort verstehen.

Mein Opa schimpfte: „Merkt ihr denn nicht, worauf dieser Führer hinauswill? Jeder muss seinen Namen bei jedem Gruß nennen. Überall muss sein Bild hängen. Er tut, als wenn nur ein einziger Mensch im ganzen Reich denken kann. Wer Kritik ausspricht, muss damit rechnen, abgeholt zu werden. Viele Menschen haben es nicht überlebt, ihre Meinung frei zu sagen. Merkt ihr eigentlich gar nicht, was im Land los ist? Ich höre manchmal andere Sender als ihr: Dort wird gesagt, es werden schwere Waffen und Fahrzeuge für den Krieg hergestellt. Das Deutsche Reich rüstet für einen Krieg auf. Ich sage euch: Dieser Führer führt uns alle geradewegs in einen neuen Krieg! Und mit den neuen Waffen wird der Krieg schrecklicher werden als jeder andere!" Meine Mutter bat: „Rede doch nicht so laut! Wenn das der Blockwart hört, zeigt er dich gleich an, und du kommst ins Gefängnis, Vater!"

Mein Vater, auch nicht leise, beharrte: „Wir brauchen den Krieg! Unser Volk wird bald hungern, weil nach dem Weltkrieg so viel Land verloren ist an die Feinde! Der Sieg ist unser!" „Jeder Krieg ist furchtbar", sagte Großvater. Und er schimpfte weiter: „Den Sieg hat uns der Kaiser auch versprochen. Und was ist daraus geworden? Nichts! Als es brenzlig wurde, ist er abgehauen! Ich war damals Soldat. Ich habe die Grausamkeit des

Krieges erlebt. Noch heute träume ich davon, wie meine besten Freunde plötzlich tot neben mir lagen – und viele andere, die mit mir zusammen begeistert in den Krieg gezogen waren. Ich habe den Weltkrieg vom ersten Tag an mitgemacht, ich weiß, was Krieg ist! Krieg ist das Schlimmste, was es gibt. Unschuldige Menschen werden sterben, Kinder werden verhungern, ist euch das egal? Wer sagt denn, dass ein von diesem Führer angefangener Krieg gewonnen wird? In jedem Krieg gibt es nur Verlierer!"

Eine Nachricht für Vater

Am nächsten Tag wollte Großvater abreisen. Früh am Morgen kam schon der Postbote. Als mein Vater den Brief, den er bekam, öffnete, las er ihn kurz durch. Dann sagte er: „Ich muss morgen früh in der *Kaserne* antreten. Dort erhalte ich eine kurze Ausbildung zum Soldaten. In zwei Wochen bin ich wieder zurück! Nun geht es endlich los, und ich darf dabei sein!"

Mutter war aufgeregt. Sie rannte durch die Wohnung und half Vater beim Packen der Sachen, die er mitnehmen musste. Großvater sagte zu ihr: „Beruhige dich doch, Marie. Vielleicht kommt er ja schnell wieder nach Hause von dieser Übung. Möchtest du, dass ich so lange bei dir und Marie-Luise bleibe? Zu Hause erwartet mich niemand, seit deine Mutter gestorben ist."

Mutter freute sich darüber, dass er bleiben wollte. So blieb Großvater bei uns. Vater kam von der Ausbildung nur kurz nach Hause. Am 1. September begann der Krieg. Er musste gleich in den Krieg ziehen. Zwar haben die deutschen Truppen gesiegt, aber doch gab es bei den Kämpfen Tote. Mein Vater glaubte fest daran, dass der Krieg notwendig ist, dass das Deutsche Reich sich für den verlorenen Weltkrieg rächen würde an den Feinden, und dass unter Hitler alles dafür getan werde, diesen Krieg zu gewinnen.

Oma Margarethes Erinnerung

Ich war 1937 zehn Jahre alt. Inzwischen kamen viele Jungen in unserer Schule mit braunen Uniformen zum Unterricht. Sie fühlten sich stark und guckten diejenigen ohne Uniform verächtlich an. Bald begannen fünf der Uniformierten, zwei Jungen aus der Klasse zu ärgern und zu bedrohen. „Guckt euch diese Schwächlinge mal an!", riefen sie und begannen zu schubsen und zu boxen. „Man sieht ja, dass ihr nicht zu uns gehört! Haut doch endlich ab!"

Ein paar Wochen später kamen beide nicht mehr in die Schule. Ich traf sie am Nachmittag. Sie versuchten wegzulaufen, aber ich holte sie ein. „Warum kommt ihr nicht in die Schule?", fragte ich sie. „Wir dürfen nicht mehr kommen. Wir sind Juden, und Juden dürfen nicht mehr in die Schule gehen, hat der Direktor zu uns gesagt." „Und was macht ihr nun?" „Wir gehen in eine andere Schule. Dort sind nur jüdische Kinder. Wenn du uns einmal wiedersiehst, kümmere dich bitte nicht um uns, sonst bekommst du Ärger in der Schule oder mit deiner Familie." Traurig gingen sie weg. Sie waren so hilfsbereit zu uns Mädchen gewesen. Oft haben sie meiner Freundin Maria und mir geholfen, wenn wir im Rechenunterricht etwas nicht verstanden hatten.

Zu Hause fragte meine Mutter: „Du siehst so bekümmert aus, was ist los?" Ich erzählte ihr von der Begegnung. Sie sagte: „Ja, der Führer hasst die Juden. Dabei sind sie genau solche Menschen wie wir. Aber man darf das nicht laut sagen, sonst kommt man noch ins Gefängnis."

Frau Renate erinnert sich an die Kinderlandverschickung (1943)

Wir wohnten in Hamburg. Immer wieder fielen Bomben auf die Stadt. Die Angst davor war groß – sahen wir doch jeden Tag wieder, wie viele Häuser nur noch *Ruinen* waren, in denen niemand überlebt hatte. Schulklassen und ganze Schulen wurden in Sonderzügen weit weg von Hamburg auf das Land gebracht.

Ich war noch nie aus Hamburg herausgekommen

Meine Mutter war froh über die Möglichkeit, mich in Sicherheit zu bringen. So war zudem ein Esser weniger am Tisch, denn Lebensmittel waren sehr knapp. Was mit den *Lebensmittelmarken* zu kaufen war, reichte nicht aus, um satt zu werden. Nun waren nur noch Mutter und Oma zu Hause. Mutter musste arbeiten gehen, und Oma machte den Haushalt, so gut sie das mit ihren 78 Jahren noch konnte. Ein bisschen Angst kroch in mir hoch. Ich war noch nie von zu Hause weg gewesen. So lange ich mich erinnern konnte, war immer Krieg.

Mutters Hoffnung

Mutter redete mir gut zu: „Du kennst doch deine Lehrerinnen. Die kommen alle mit. Und deine Freundinnen sind auch dabei. Es fahren die älteren Mädels aus eurer Schule mit, die passen auf euch kleinen Hühnchen auf! Dort gibt es viel mehr zu essen als bei uns, und du kannst dann auch jede Nacht wieder im Bett schlafen statt im Luftschutzkeller zu sitzen. Ihr seid dort unten gut aufgehoben und in Sicherheit", schloss sie. Ich merkte, dass es ihr nicht leicht fiel, so mit mir zu sprechen.

Eine weite Reise beginnt

Es war nun schon vier Jahre Krieg. Viele Kinder waren schon lange nicht mehr in Hamburg, sondern weit weg bei Verwandten in kleinen Dörfern oder Städten untergebracht. Wir hatten keine Verwandten auf dem Land, sondern nur welche in der Großstadt, denen es genauso schlecht ging wie uns. Deshalb musste ich zur Kinderlandverschickung.

An einem Morgen brachte mich meine Mutter zum Bahnhof. Meine Mitschülerinnen entdeckte ich gleich. Die Lehrerinnen warteten darauf, dass auch die letzten Kinder eintrudelten. Der Zug lief endlich in den Bahnhof ein. Unsere Lehrerinnen und ein paar ältere Jungen aus der *HJ* halfen uns beim Einsteigen und verstauten unser Gepäck. Der Zug fuhr langsam, weil Gleise zerstört waren. Mehrmals war Bombenalarm. Dann mussten wir alle aus dem Zug raus und hetzten ein Stück von den Gleisen weg. Irgendwann mussten wir in einen anderen Zug einsteigen, weil die Lok unseres Zuges von einem Geschoss getroffen worden war. Die Angst vor Angriffen aus der Luft begleitete uns die ganze Zeit.

Ankunft

Nach ungefähr drei Tagen hatten wir unser Ziel erreicht. Unser Gepäck wurde auf einen Pferdewagen geladen, während wir zu Fuß bis zu einem großen Haus an einem Waldrand marschieren mussten. Einige andere Schulklassen waren schon länger hier. Sie zeigten uns unsere Zimmer, die im zweiten Stock dieses Hauses lagen. Immer zwölf Mädchen teilten sich ein Zimmer.

Todmüde und erschöpft ließen wir uns in die Betten fallen. Einige schliefen sofort ein. Wir wurden aber schnell wieder aufgescheucht, weil es jetzt erst einmal etwas zu essen gab: Gemüsesuppe und für jeden ein Stück Brot. Danach mussten wir unsere Zimmer einräumen. Es durfte nichts im Weg stehen, jeder Koffer, jeder Rucksack und jede Tasche hatte einen bestimmten Platz.

Der erste Morgen

Ich erinnere mich noch daran, als wäre es erst gestern gewesen. Wir hatten Hunger und freuten uns schon auf ein Frühstück. Der Tag begann aber mit einem Fahnenappell. Alle Mädchen waren auf dem weitläufigen Hof versammelt, klassenweise aufgestellt. Dann wurden wir von der Leiterin des Hauses begrüßt. Während wir stillstanden, wurde die Fahne am Fahnenmast hochgezogen. Danach wurden wir verschiedenen Arbeitsgruppen zugeteilt, denn wir mussten alle im Haus notwendigen Arbeiten selbst machen: Das Haus saubermachen, die Wäsche waschen, Essen kochen, Geschirr abwaschen und abtrocknen, bei den Bauern Lebensmittel abholen oder im Garten Obst und Gemüse ernten.

Die Gruppen waren immer aus verschiedenen Klassen zusammengestellt, damit wir uns alle kennenlernten. Die Großen erklärten den Kleinen, was sie tun mussten.

Frau Erna ergänzt

Meine Mutter war auch froh, als ich zur Kinderlandverschickung kam. Mein Vater war 1941im Krieg gefallen, sie war mit uns drei Kindern allein. Mein Bruder war vier Jahre alt, meine kleine Schwester wurde drei Monate nach Vaters Tod geboren.
Ohne mich hatte Mutter nur noch die beiden Kleinen zu versorgen. Am liebsten wollte sie auch aus der Stadt raus, aber wo sollte sie hin? Mutter glaubte fest daran, dass nun wenigstens ich durch die Kinderlandverschickung in Sicherheit sei.

Kinder haben dieselben Sorgen wie die Erwachsenen

Ich hatte schreckliches Heimweh. Immer wieder weinte ich im Schlaf. Angst um Mutter und die Kleinen kroch immer wieder in mir hoch, denn es kam selten Post. Die Briefbeförderung dauerte lange, dadurch hörten wir alle wenig von unseren Familien. Wir Kinder sprachen natürlich miteinander über unsere Sorgen: „Ob Mutter wohl noch lebt? Hat unsere Stadt wieder im Bombenhagel gelegen?" Antworten auf unsere Fragen bekamen wir selten – und wenn, dann nur traurige: dass wieder jemand bei Bombenangriffen ums Leben gekommen oder schwer verletzt oder *ausgebombt* war. Wir erfuhren nur das über den Krieg, was der Führer sagte – das wurde laut in alle Zimmer übertragen. Wie es aber in unseren Städten aussah, erfuhren wir nicht.

Kinderbelustigung

An den Abenden mit Gesang und Spielen wurden wir von unseren Sorgen abgelenkt. Manchmal kam in das Dorfkino ein lustiger Film. Da waren dann die Kinder aus dem Ort mit uns gemeinsam im Saal. Aber nach kurzer Fröhlichkeit kehrte die Angst und Sorge immer wieder zurück. Als wir dann mit einer neu eintreffenden Gruppe zusammen Theater spielen konnten, war unsere Aufmerksamkeit auch mal länger auf etwas Schönes gerichtet. Renate tat sich dabei besonders hervor. Wie haben wir über sie als Spaßmacher gelacht!

Wir Kinder müssen vor den Russen fliehen

Das Schrecklichste kam erst noch: Als die Russen näher kamen, mussten wir eine Tasche oder einen Rucksack mit unseren wichtigsten Sachen packen. Dann mussten wir zu Fuß zu einem Sammelplatz gehen. Nach drei Stunden hatten wir den erreicht. Von dort ging es erst einmal mit Pferdefuhrwerken weiter. So weit wir gucken konnten: viele Kinder, wenige Erwachsene, die auf die Flucht vor den Russen geschickt worden sind. Zu Anfang blieben wir noch wenigstens mit unserer Klasse zusammen. Dann wurden aber einige Mädchen und auch zwei Lehrerinnen krank. Nach einigen Wochen war alles aufgelöst, und wir Kinder mussten sehen, wie wir unsere Familien wiederfanden.

Wir beide hatten ja noch Glück, wir waren mit älteren Mädchen zusammen geblieben. Sie waren sehr lieb zu uns, obwohl es für sie auch schwierig war, für uns zu sorgen. Wir bettelten unterwegs, um etwas zu essen zu kriegen. Oft wurden wir einfach davongejagt. Manchmal bekamen wir etwas geschenkt. Etwas zu essen zu klauen war normal, denn wir hatten immer Hunger und wollten doch unbedingt bis nach Hause durchhalten.

Es war ein Wunder: Schließlich sind wir gut angekommen, denn immer wieder haben uns ältere Kinder und manchmal auch Erwachsene geholfen. Wir haben diese Zeit zwar dreckig und total abgemagert, aber doch heil überstanden.

Helga erzählt: 1944 wurden wir ausgebombt

Sirenen heulen fast jede Nacht

„Ich erinnere mich daran, dass wir in Bremerhaven einem großen Haus wohnten. Ich war damals ungefähr vier Jahre alt. Mein Vater war nicht Soldat, weil er krank war. Er war bei uns zu Hause.

Wenn die Sirenen heulten, fasste mein Vater meinen älteren Bruder an der Hand, meine Mutter nahm mich auf den Arm. Eine Tasche nahmen sie auch jedes Mal mit. „Wir müssen schnell in den Keller!", sagten sie und hetzten die Treppen hinunter. Kaum waren wir unten angekommen, schloss ein Mann die schweren eisernen Kellertüren. Wir kannten das schon.

Die Kellerdecke war mit hölzernen Balken abgestützt. Dort, wo die Balken in den Kellerboden eingelassen waren, lag etwas loser Sand. Mein Bruder und ich hockten uns auf den Boden und spielten mit diesem Sand.

Eine schlimme Nacht

Einmal waren wir mit all den anderen Leuten aus dem Haus wieder im *Luftschutzkeller*. Wir spürten, wie das Haus zitterte. Plötzlich wurde die Eisentür aufgerissen. „Das Haus brennt! Feuer! Schnell raus hier!", rief der *Luftschutzwart*. Wir hockten nahe an der Tür, denn wir waren als letzte hereingekommen. Nun kamen wir als erste nach draußen. Ich sah, wie die Flammen am Treppengeländer herunter liefen.

Draußen wickelte mich meine Mutter in eine nasse Decke ein. Mein Vater tat dasselbe mit meinem Bruder.

Meine Eltern rannten mit uns die Straße entlang. Mein Vater hatte meinen Bruder auf den Arm genommen, damit wir schneller vorwärts kamen. Meine Eltern hielten sich nasse Tücher vor Mund und Nase.

Überall brennt es

Sie rannten und keuchten, weil alles voller Qualm war. Überall in der Straße war Feuer. Die Luft war heiß. Es roch schrecklich. Meine Eltern und viele andere Leute liefen mitten auf der Straße. Funken flogen durch die Luft. Aus den Fenstern der Häuser schlugen Flammen. Glühende Holzstücke und Dachziegel fielen herab. „Bloß weg hier!", rief jemand.

Gerettet!

Als meine Mutter endlich stehen blieb und kaum noch Luft bekam, nahm sie mir die Decke ab. Wir waren in einer Kirche angekommen. Viele Leute standen hier. Einige hatten angesengte Haare, vom Rauch geschwärzte Gesichter, zerrissene Kleidung – sie sahen schrecklich aus. Meine Eltern guckten uns an. Mein Vater sagte nur noch leise: „Da haben wir aber noch einmal Glück gehabt, dass wir es bis hierher geschafft haben!"

Einen Tag später schauten meine Eltern noch einmal nach, was von unserem Haus übrig geblieben war. Eine Wand stand noch, alles andere war nur noch ein Haufen aus Steinen, verkohltem Holz, Staub und *Schutt*.

Herr Martin erzählt vom Luftschutzkeller (1944/1945)

Tag und Nacht heulen Sirenen

Wir wohnten in einem Mehrfamilienhaus. In unserer Gegend war kurz vor dem Krieg in allen Mehrfamilienhäusern ein Raum zum *Luftschutzraum* ausgebaut worden. Stützen verstärkten die Kellerdecke. Draußen vor den Kellerfenstern lagen Sandsäcke. Innen waren die Fensterscheiben durch Holz oder Blech ersetzt worden. Außen wurde über den Fenstern ein senkrechter Pfeil mit weißer Farbe an die Hausmauer gemalt, damit die Feuerwehrleute wussten, wo sie nach verschütteten Menschen suchen mussten.
Im Luftschutzkeller fanden alle Leute, die in diesem Haus wohnten, Platz. Aber es war sehr eng. Eine schwere Eisentür schloss den Keller nach außen ab.

Sirenen

1940 wurden die ersten Bomben über Berlin abgeworfen. Damit begann eine schreckliche Zeit. Bevor Bombenflugzeuge kamen, gellten die Sirenen und gaben Voralarm. Kurze Zeit später ertönte der Hauptalarm.
Weil so oft Alarm war, fand kein Schulunterricht mehr statt. Inzwischen wussten wir bei jedem Alarm, was zu tun war: Bei Voralarm schnappte sich meine mittlere Schwester die beiden Wolldecken, die immer bereit lagen. Ich musste eine Tasche mit Papieren, einer Thermosflasche mit *Muckefuck* und etwas Brot tragen, und meine Wolldecke. Mutter nahm meine kleine Schwester in einer Decke auf den Arm. Dann beeilten wir uns, in den Keller zu kommen.
Man wusste nie, wann *Entwarnung* gegeben wurde. In der letzten Zeit kamen wir kaum noch aus dem Keller raus, weil Berlin andauernd aus der Luft angegriffen wurde.

Im Luftschutzkeller

Der *Luftschutzwart* musste jedes Mal kontrollieren, dass alle Hausbewohner versammelt waren, dann verriegelte er die schwere Eisentür. Kurz danach bebte der Keller.
„Da haben wir ja noch mal Glück gehabt, unser Haus wurde nicht getroffen," sagte unser Wohnungsnachbar. „Wenn dieser Krieg doch endlich zu Ende wäre!", schimpfte eine junge Frau, die zwei kleine Jungen im Arm hielt. „Immer diese Angst vor den Bomben, man wird ja ganz irre. Unsere Kinder wissen doch gar nicht, wie es ist, nachts im Bett zu liegen und ruhig zu schlafen, am Tag draußen zu spielen und herumzutoben! Da hat uns unser *Führer* ganz schön was eingebrockt!"
„Seien Sie doch still! Denken Sie an Ihre Kinder!" sagte der Luftschutzwart. „Sonst muss ich Sie melden!" Die Frau hatte Glück: niemand meldete der Polizei, was sie gesagt hatte.

Waltraud erzählt von der *Flucht*

Ein ruhiges Leben

Wir wohnten in Ostpreußen. Meine Eltern hatten eine kleine Landwirtschaft. Fünf Kühe, ein paar Schweine, eine Hühnerschar und ein struppiges Pferd gehörten zu unserem kleinen Hof. Mein Vater arbeitete auf dem großen *Gut*, zu dem unser kleines Dorf gehörte. Er konnte nicht Soldat werden, weil er im Weltkrieg einen Arm verloren hatte. Trotzdem war er unentbehrlich auf dem Gut, nachdem alle jüngeren Männer und auch die beiden Söhne des Gutsherrn in den Krieg ziehen mussten. Er war auch mit einem Arm sehr geschickt. Meine Mutter half in der Küche, denn es gab viel Obst und Gemüse zu ernten, zu putzen und für den Winter *einzukochen*.

Erntefest

Der Herbst kam. Die Ernte war eingebracht, und alle Leute vom Gut und aus dem Dorf feierten Erntefest. Im Gutshaus wurde die *Erntekrone* aufgehängt. Früher tanzte man auch immer, aber dazu hatte niemand so richtig Lust, weil die meisten Männer im Krieg waren.
Ich hörte die Gutsfrau leise zu Mutter sagen: „Dies wird wohl das letzte Erntefest sein, das wir hier feiern können. Man sagt, die Russen stehen schon an der Grenze. Wenn sie kommen, kann man nur noch fliehen." „Sagen Sie das bloß zu niemandem, sonst kommen Sie noch ins Gefängnis! Aber es gibt inzwischen viele Leute, die nicht mehr an einen Sieg glauben", gab meine Mutter ebenso leise zurück.

Verbotene Radiosender

Mit dem *Volksempfänger* hörten wir immer nur die Nachrichten, die die Regierung erlaubte. Vater murmelte gelegentlich: „Da wird uns wieder Sand in die Augen gestreut. Wenn die Soldaten keine Waffen mehr haben, können sie doch nicht kämpfen!"
Unser alter Nachbar hatte entdeckt, wie er andere Nachrichten hören konnte, und hatte Vater anvertraut, dass er Nachrichten von einem englischen Sender empfing. Seitdem hörte Vater auch heimlich den englischen Sender, auch wenn es streng verboten war. Erwischte die Polizei jemanden dabei, wurde er sofort erschossen. Vater hörte trotzdem den englischen Sender und erfuhr so, dass der Krieg längst verloren war. Die Regierung ordnete aber an, dass weiterhin gekämpft werden sollte.

Auch bei uns ist Krieg

Vom Krieg war lange bei uns nichts zu spüren. Deswegen hatten wir die Hoffnung, dass es nicht so schlimm kommen würde wie in anderen Teilen Deutschlands. Wann immer wir Radio hörten, war von Siegen die Rede, die die deutschen Soldaten errungen hatten. Allerdings wurden die Erwachsenen sehr misstrauisch, als in der Ferne Geschützdonner zu hören war.

Deutsche Soldaten kamen in kleinen Gruppen durch unser Dorf. Sie waren die einzigen, die noch übrig waren von ihrer *Kompanie*. Nun waren sie auf der Suche nach Anschluss an eine andere Kompanie. „Unsere Kanonen, Panzer, Lastwagen – alles haben die Russen zerschossen. Dabei sind unsere Kameraden getötet worden. Nur wir sind noch übrig", berichteten sie.

„Der Russe ist schon ziemlich nahe", fuhren sie fort. „Macht euch bloß weg, sie sind grausam. In vielen Dörfern haben sie alte Männer und große Jungen erschossen, Frauen gequält, die Häuser geplündert und angesteckt. Wir sind durch viele verbrannte Ortschaften gekommen. Nur noch die Schornsteine zeigen, dass dort Häuser gestanden haben." Wir bekamen große Angst.

Wenige Tage später war lauter Donner zu hören. Ich lief zu Mutter: „Mutter, es ist gar nicht Sommer, aber es donnert!" Mutter schaute mich an: „Es ist kein Gewitter, es ist das Donnern von Kanonen." „Kommen sie auch hierher?", fragte ich. „Ja, das werden sie wohl. Und daher müssen wir hier weg. Aber noch ist es verboten zu fliehen. Wir müssen warten, bis wir die Erlaubnis bekommen, wegzugehen."

Das Packen beginnt

Heimlich begann meine Mutter, Sachen zu packen, die mitgenommen werden sollten auf die Flucht. Fotos, Urkunden, Geschirr, Betten, Wäsche, Kleidung – alles häufte sie in einer Abstellkammer auf und zeigte es meinem Vater. Der schaute sich das an und meinte: „Das ist viel zu viel. Wir können nur das Nötigste mitnehmen." „Aber was ist das Nötigste?", fragte sie leise. „Wir werden einige Zeit unterwegs sein. Die Pferde werden nur einen leichten Wagen ziehen können. Überleg noch einmal, was wir nicht unbedingt brauchen."

Schließlich hatten sie zwei dicke Federbetten zusammengerollt. Wolldecken lagen gefaltet bereit. Mutter hatte mehrere Säcke vorbereitet. Ein Sack war mit Hafer gefüllt, damit die Pferde versorgt werden konnten. Dauerwurst, Speck, Mehl, *Graupen* und *Dörrobst* waren länger haltbar und konnten schon eingepackt werden. Flaschen wurden vorbereitet, um etwas zu trinken zu haben: Fliederbeersaft und Johannisbeersaft.

Wir gehen fort

Wir warteten immer auf den Befehl zur Flucht, aber er kam nicht. Mein Vater ging zum Bürgermeister-Büro. Empört kam er zurück: „Der Lump hat uns im Stich gelassen! Im Büro liegen nur noch Papierfetzen. Zu Hause ist er auch nicht – ausgeflogen, die ganze Sippe! Ich geh und sag es den *Gutsherren* und den Nachbarn!"

Nach weniger als einer Stunde war er wieder da. „Mutter, heute Abend fahren wir los. Wir wollen uns alle zusammen auf den Weg machen! Der Wagen steht unter dem Dach, werft schon mal Stroh darauf – nicht zu wenig! Und deckt es mit einer Plane zu!"

Er führte unsere Pferde zum Schmied, damit sie noch neue Hufeisen bekam. Zum Glück war es noch nicht zu spät dafür.

Mutter und ich holten Stroh. Damit polsterten wir den Wagen gut aus. Dann luden wir die Sachen auf, die wir mitnehmen wollten, und deckten eine Plane darüber.

Am nächsten Morgen sahen wir viele Fuhrwerke aus dem Osten, voll besetzt mit Menschen und bepackt mit verschiedensten Dingen: Betten, Möbelstücken, Käfigen, in denen Hühner oder Kaninchen hockten.

Nach dem starken Frost der vergangenen Tage schneite es schon seit Stunden in dicken Flocken. Wir wünschten uns nichts sehnlicher, als dass es aufhören sollte zu schneien. Ein Fuhrwerk scherte aus und kam auf unseren Hof. Ein alter Mann stieg vom Wagen und kam zu uns: „Könnt ihr uns helfen? Wir brauchen dringend etwas Warmes zu trinken. Meine Tochter ist krank, und wir haben zwei kleine Kinder bei uns. Wir sind schon seit einer Woche unterwegs."
Mutter dachte daran, dass wir auch bald unterwegs sein werden, und bat die Leute herein. Die Frau hatte Fieber. Mutter versuchte, das Fieber mit *Wadenwickeln* zu *lindern*. Am Abend ging es der Frau etwas besser. Die Kleinen schliefen.

Abschied von der Flüchtlingsfamilie und von unserem Haus

Vater sagte: „Ihr könnt bleiben. Wir sind heute Abend mit den Gutsherren und den Dorfleuten verabredet. Wenn es dann nicht so viel schneit, brechen wir auf. Hier kennen wir uns so gut aus, dass wir auch in der Dunkelheit fahren können. Wir melken noch und nehmen etwas Milch mit. Den Rest könnt ihr hierbehalten. Bevor ihr weiterzieht, bindet die Kühe los und lasst die Hühner laufen. Gott schütze euch!" Gerührt bedankten sich die Fremden und versprachen, alles zu tun.
Mutter hatte inzwischen drei Hühner geschlachtet und eine Suppe aus ihnen gekocht. Ein Teil der Suppe wurde von allen gemeinsam verspeist, ein anderer Teil aber in einem Kochtopf auf unseren Wagen geladen. Mutter packte eine Kanne mit Milch auf. Vater hatte mit ein paar Männern inzwischen Planen auf mehrere Wagen gelegt, damit Menschen und Vorräte erst einmal geschützt waren.

Monate der Flucht

Solange wir in der Nähe fuhren, ging es über Feld- und Waldwege gut voran. Vater saß vorn auf dem Wagen und hielt die Zügel in seiner Hand. Mutter und ich hatten uns dick angezogen und krochen in das Stroh und unter die Bettdecken. Ich schlief trotz der Kälte. Am Morgen machten wir eine kurze Rast. Der Donner der Kanonen schien näher gekommen zu sein. Wir brachen bald wieder auf und reihten uns in den endlosen Strom der anderen Fuhrwerke ein.
Mutter hatte mir eingeschärft, mich nicht allein vom Wagen zu entfernen. Ein Seil, das an dem Wagen festgebunden war, sollte ich immer in der Hand haben, wenn ich neben dem Wagen ging, damit ich nicht zwischen den vielen Menschen verloren ging.
Vater und Mutter wechselten sich beim Fahren ab. Das war wichtig, damit jeder sich mal bewegen konnte, um wieder warm zu werden. Plötzlich stockte der Zug. Drei Wagen vor uns war ein Rad gebrochen. Mühsam scherten alle aus der Wagenkolonne aus. Die Erwachsenen versuchten zu helfen. Wir Kinder hatten strenge Anweisung, uns nicht von unserem Wagen zu entfernen. „Wenn ihr verloren geht zwischen diesen vielen Menschen, finden wir euch nie wieder!", ermahnten sie uns.

Findelkinder

Zwei Tage später kamen ein Junge und ein Mädchen an unseren Wagen. „Habt ihr unseren Wagen gesehen?“, fragten sie ängstlich. „Er wurde von einem kleinen Pferd gezogen, und oben war er von einer grauen Plane bedeckt.“ Wir kannten die Kinder und ihre Eltern nicht. Die beiden begannen zu weinen: „Den ganzen Tag haben wir schon Leute gefragt. Opa hat unsere Mutter hier ins Krankenhaus gebracht. Das war aber schon vorgestern. Wir haben dort gewartet, aber Opa ist nicht wiedergekommen. Ich habe gefragt, ob er noch im Krankenhaus ist. Aber da war er nicht mehr.“

„Wie heißt ihr denn?“ „Ich heiße Friedrich, und das ist meine Schwester Gudrun“, antwortete der Junge. „Wollt ihr noch bleiben und warten?“, fragte meine Mutter. Vater sagte: „Ich gehe mit den Kindern zum Krankenhaus und frage dort nach ihrer Mutter. Wartet hier an dieser Stelle vor dem Rathaus.“

Wir warteten lange, aber endlich kam Vater mit den beiden wieder. „Die Mutter ist gestern im Krankenhaus gestorben. Auch der Großvater war schwer krank, er ist heute gestorben“, sagte Vater. Beide Kinder weinten. Meine Mutter nahm sie in den Arm und fragte sie, ob sie mit uns zusammen weiterfahren wollten. Sie nickten nur. So bin ich zu zwei Geschwistern gekommen.

Unser Weg hat kein Ziel

Die Straßen waren glatt, immer wieder stürzten Pferde. Aber wir hatten bisher Glück: Der Schmied des Gutsherren hatte für alle Pferde noch besondere Hufeisen angefertigt, mit denen sie auch bei Schnee einigermaßen sicher gehen konnten.

Wenn jemand fragte, wohin wir wollten, war unsere Antwort: „Wir wissen es nicht genau – nur weg, weg von den Russen!“ Inzwischen waren alle Vorräte verzehrt, obwohl wir sehr sparsam damit waren. Wenn wir durch Dörfer kamen und um Unterkunft baten, wurden wir immer weiter geschickt, weil alle Häuser mit Flüchtlingen besetzt waren. Aber bei Bauernhäusern abseits der Straße hatten wir manchmal Glück und durften ein, zwei Nächte bleiben. Das war für Menschen und Pferde gut.

Zwei Monate später

Oft waren wir von *Tieffliegern* beschossen worden. Jedes Mal gab es Opfer zu beklagen: Menschen und Pferde wurden getötet, Wagen zerstört. Es war einfach furchtbar. Wir besaßen fast nichts mehr. Unseren Wagen mussten wir irgendwo stehen lassen, er war zerschossen worden. Die Pferde waren in Panik weggerannt, wir fanden sie nicht wieder in dem Durcheinander.

Nur noch die Kleidung, die wir trugen, besaßen wir. Wir wickelten uns Lappen um die Füße. Immer hielten wir die Augen offen, ob es etwas Brauchbares zu finden gab. Auf diese Weise fanden wir Schuhe, eine brauchbare Decke und einen Handwagen, der nur wenig kaputt war.

Von unseren Nachbarn aus dem Dorf waren einige bei Angriffen von Tieffliegern ums Leben gekommen, andere hatten wir aus den Augen verloren – aber meine Eltern, Gudrun, Friedrich und ich waren beieinander geblieben.
Außer uns waren noch unzählige andere Menschen auf der Flucht vor den Russen. So weit wir sehen konnten, bewegte sich die Menschenschlange vor und hinter uns her. Viele Erwachsene und Kinder waren aber so schwach, dass sie nicht mehr weiterkonnten. Wer sich aber zum Ausruhen bei dieser Kälte an den Straßenrand setzte, erfror. Viele Tote saßen und lagen dort – als wenn sie schliefen. Der gefrorene Boden war so hart, dass sie nicht begraben werden konnten. „Sie haben es gut, sie brauchen keine Hilfe mehr", versuchte Mutter uns zu trösten.
Wochen später, es war inzwischen schon etwas wärmer geworden, sagte mein Vater: „Wir sind hier nicht weit von Lübeck entfernt. Unsere Nachbarn sagten, sie hätten hier in der Nähe Onkel und Tante, die genau so heißen wie sie. Wir könnten ja versuchen, den Ort zu finden, und nach ihnen fragen."
Meine Mutter und wir Kinder waren einverstanden. Vielleicht hatten wir ja Glück und trafen die Nachbarn hier wieder. Mit einem Ziel vor Augen hatten wir neue Kraft und marschierten etwas munterer als zuvor.

Eine Überraschung

Nun waren nicht mehr so viele Menschen auf der Straße wie in den Wochen zuvor. Viele hatten sich inzwischen auf andere Wege begeben oder blieben einfach in einem der vielen Dörfer an der Straße. Wir hörten auch nicht mehr den ganzen Tag Schüsse. Schon in den vergangenen Tagen war es ruhiger gewesen.
„Habt ihr schon gehört? Der Krieg ist zu Ende! Hitler ist tot!", rief uns am Morgen ein Junge zu, der uns mit einem Fuhrwerk überholte. Wir konnten es kaum glauben. „Ist das wahr?" „Ja, ganz gewiss, ich weiß es aus dem Radio!", rief er. Dann hielt er an: „Wollt ihr ein Stück mitfahren? Ich fahre nach S." „Dorthin wollen wir auch! Bist du aus dem Dorf?" „Nein, ich will nur den Wagen dort abliefern."
Wir hatten immer wieder kurze Strecken auf Ackerwagen mitfahren dürfen. Da würden wir dieses letzte Stück kurz vor dem Ziel auch noch gern mitfahren.
Es wurde schon Abend. Eine alte Frau fragte uns in S., wohin wir gehen wollten. Wir sagten es ihr. „Na! Ihr seid ja schon in S.! Wen sucht ihr?" „Wir suchen unsere Nachbarn aus der Heimat. Ist hier jemand von der Familie Scheibe angekommen?" „Ja, das sind doch meine Verwandten! Sie sind bei uns auf dem Hof im Gartenhaus! Kommt mal mit, ich zeige euch, wo sie sind!"

Das war eine Begrüßung! Es war nicht viel Platz, aber wir durften bleiben. Endlich konnten wir uns mit warmem Wasser und Seife waschen. Bald darauf begrüßten wir einander, fielen uns in die Arme vor Freude. „Als wenn wir es geahnt hätten! Frisches Brot haben wir gebacken, und für die Kinder gibt es auch Milch." „Esst schön langsam, damit euer Magen sich nicht erschrickt – so lange, wie er immer leer war!", mahnte Mutter. Wir waren todmüde nach all den Anstrengungen. Gudrun schlief schon am Tisch ein. Die Bäuerin hatte unter dem Dach ein riesengroßes Bett aus Stroh für uns hergerichtet. Friedrich und ich ließen uns nur noch hineinfallen, Gudrun wurde ins Bett getragen, ohne dass sie aufwachte. Erst zur Mittagszeit des nächsten Tages wachten wir auf.
Unsere Nachbarn und ihre Verwandten sprachen genau so wie alle aus unserem Heimatdorf zu Hause – das machte, dass wir uns vertraut fühlten in der Fremde.
Wir blieben alle hier, fanden eine Wohnung und die Erwachsenen auch Arbeit.

Herr Simon

1. Du hast gelesen, was Herr Simon erzählt: Seine Familie zieht in die Schweiz um. Das war für Herrn Simon und seine Geschwister schwer zu verstehen. Lies es noch einmal.

2. Erkläre den Kindern, die nicht den ganzen Text gelesen haben, warum die Eltern beschlossen haben, das Deutsche Reich zu verlassen.

3. Kennst Du Erwachsene, die heute 70 bis 85 Jahre alt sind? Sie waren in der Zeit von 1933 bis 1945 Kinder. Bitte sie darum, dir aus ihrer Kindheit zu erzählen.

4. Frage sie, ob du das Erzählte aufschreiben darfst. Dann hast du eine eigene Geschichte aus dieser Zeit.

Die Weimarer Verfassung (Auszüge)

Artikel 109

(1) Alle Deutschen sind vor dem Gesetze gleich. Männer und Frauen haben grundsätzlich dieselben staatsbürgerlichen Rechte und Pflichten.

Artikel 111

(1) Alle Deutschen genießen Freizügigkeit im ganzen Reiche. Jeder hat das Recht, sich an beliebigem Orte des Reichs aufzuhalten und niederzulassen, Grundstücke zu erwerben und jeden Nahrungszweig zu betreiben. Einschränkungen bedürfen eines Reichsgesetzes.

Artikel 117

(1) Das Briefgeheimnis sowie das Post-, Telegraphen- und Fernsprechgeheimnis sind unverletzlich. Ausnahmen können nur durch Reichsgesetz zugelassen werden.

Artikel 118

(1) Jeder Deutsche hat das Recht, innerhalb der Schranken der allgemeinen Gesetze seine Meinung durch Wort, Schrift, Druck, Bild oder in sonstiger Weise frei zu äußern. An diesem Rechte darf ihn kein Arbeits- oder Anstellungsverhältnis hindern, und niemand darf ihn benachteiligen, wenn er von diesem Rechte Gebrauch macht.

Artikel 120

(1) Die Erziehung des Nachwuchses zur leiblichen, seelischen und gesellschaftlichen Tüchtigkeit ist oberste Pflicht und natürliches Recht der Eltern, über deren Betätigung die staatliche Gemeinschaft wacht.

Artikel 124

(1) Alle Deutschen haben das Recht, zu Zwecken, die den Strafgesetzen nicht zuwiderlaufen, Vereine oder Gesellschaften zu bilden. Dies Recht kann nicht durch Vorbeugungsmaßregeln beschränkt werden. Für religiöse Vereine und Gesellschaften gelten dieselben Bestimmungen.

Artikel 125

(1) Wahlfreiheit und Wahlgeheimnis sind gewährleistet.
Das Nähere bestimmen die Wahlgesetze.

Artikel 135

(1) Alle Bewohner des Reichs genießen volle Glaubens und Gewissensfreiheit. Die ungestörte Religionsausübung wird durch die Verfassung gewährleistet und steht unter staatlichem Schutz.

Artikel 145

(1) Es besteht allgemeine Schulpflicht. Ihrer Erfüllung dient grundsätzlich die Volksschule mit mindestens acht Schuljahren und die anschließende Fortbildungsschule bis zum vollendeten achtzehnten Lebensjahre. Der Unterricht und die Lernmittel in den Volksschulen und Fortbildungsschulen sind unentgeltlich.

Fragen an Menschen, die die Zeit von 1933–1945 als Kinder erlebt haben:

Suche dir Fragen aus, die dir wichtig sind.
Wenn du eigene Fragen hast, schreibe sie dazu.

Du kannst auch eigene Fragen in dein Heft schreiben
und eine Reihenfolge finden, in der du sie stellen willst.

Diese Fragen könntest du stellen:

- Gab es für kleine Kinder einen Kindergarten?
- Hatten Sie Geschwister? Wie viele?
- Wer hat auf Sie aufgepasst, wenn Ihre Mutter zur Arbeit ging?
- Hatten Sie ein eigenes Zimmer?
- Erinnern Sie sich noch an Ihre Schulbücher?
  Erzählen Sie bitte, welche Geschichten darin standen.
- Wer hat Ihnen geholfen, wenn Sie Ihre Schularbeiten machten?
- Wie waren Ihre Lehrerinnen und Lehrer angezogen?
- Hatten Sie ein Lieblingsfach?
- Heute gibt es Kleidung für Kinder und für Erwachsene zu kaufen.
  Ich suche mir aus, was mir gefällt, und ziehe es an.
  Durften Sie das auch?

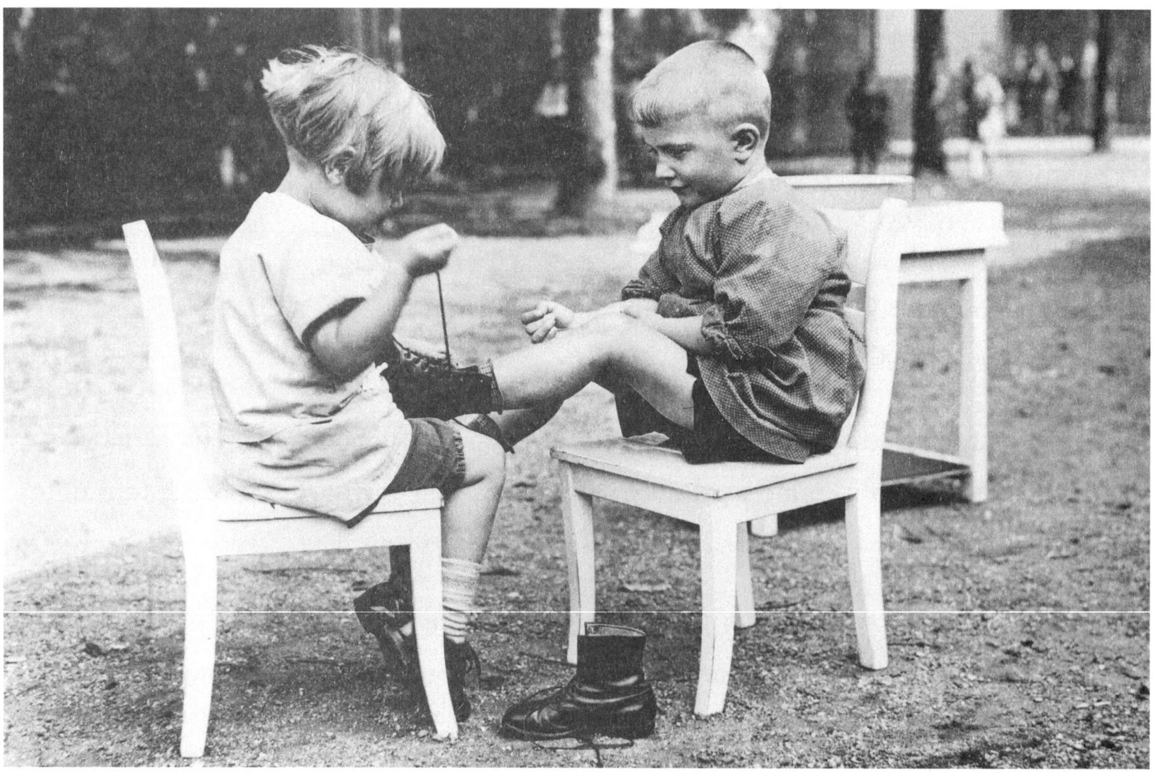

Glossar

1. Weltkrieg: Krieg, der von 1914 bis 1918 in Europa, im Nahen Osten, Afrika und Ostasien geführt wurde, über neun Millionen Menschen starben dabei

2. Weltkrieg: Krieg, der von 1939 bis 1945 in Europa und vielen Teilen der Welt geführt wurde

20. Jahrhundert: Zeit zwischen 1900 und 1999

abdanken/abgedankt: seinen Posten/sein Amt nicht mehr ausführen wollen

Abendgebet: Gebet, das vor dem Einschlafen gesprochen wird

Abgeordnete: gewählte Personen, z. B. Politiker

Abraham: Figur aus der Bibel, Stammvater der Juden und Christen

Ackerwagen: aus Holz gebauter Wagen mit einem Kastenaufbau, der von Pferden oder einem Traktor gezogen wird

Adel/Adelige: soziale Schicht, deren besondere Stellung durch Geburt und Besitz begründet ist

Adolf Hitler (1889–1945): ab 1933 Reichskanzler, Führer und Reichskanzler zugleich Regierungschef und Staatsoberhaupt des Deutschen Reiches

Agrarstaat: Land, in dem die meisten Menschen in der Landwirtschaft arbeiten

Ähre: oberer Teil des Getreides, in dem die Körner sind

Allianz: Bündnis, Verbindung

Angehörige: hier: die zur Mittelschicht Gehörenden

Angestellte: Männer oder Frauen, die für Lohn bei → *wohlhabenden* Familien im Haus arbeiteten

Ankleidezimmer: Zimmer in großen Häusern, in denen die Kleidung aufbewahrt und angezogen wurde

anstellig: → *sich anstellig zeigen;* schnell, umsichtig und geschickt Arbeiten ausführen

auf den Hof heiraten: einen Hoferben/eine Hoferbin heiraten

auf den Thron verzichten: nicht mehr Kaiser/König sein wollen

Auserwählte: ganz besondere Menschen

ausgebombt: Menschen, deren Häuser und Wohnungen durch Bomben zerstört waren

Ausguss: an der Wand befestigtes Becken, durch das Schmutzwasser nach draußen fließen kann

BDM: Abkürzung für Bund Deutscher Mädel

Bestien: grausame Menschen oder Tiere

Bleiche: Wiese, auf der die weiße Wäsche getrocknet, dann mit Wasser eingesprengt und wieder getrocknet wird, bis sie leuchtend weiß geworden ist

Blockwart: war für 40 bis 60 Haushalte mit zuständig; er passte auf, dass sich in seinem Abschnitt alle so verhielten, wie Adolf Hitler es verlangte

Bolschewist: Angehöriger der Kommunistischen Partei

Box: Stallabteil für Pferde

Brotkanten: (harter) Rest eines Brotes

Bulldog: Traktor/Schlepper; nach der englischen Hunderasse „Bulldogge" benannt

Bürger: Angehöriger/Bewohner eines Staates

Butterfass: ein hölzernes Fass, in das der von der Milch abgeschöpfte Rahm gegeben wird; durch Stampfen mit einem Quirl-ähnlichen langen Holzstab wird aus dem Rahm Butter

buttern: Butter herstellen

Chauffeur: Fahrer

Christentum: Religion; die Anhänger des Christentums nennen sich Christen, nach Jesus Christus

Damensitz: Reitsitz auf einem Pferd, bei dem beide Beine auf einer Seite sind

Dampfpflug: Pflug, der von zwei an gegenüberliegenden Feldrändern fahrenden Dampfmaschinen an einem Seil hin- und hergezogen wird

Demokratie: Regierungsform, bei der das Volk die Regierung wählt

demokratisch gewählt: vom Volk gewählt

Demonstration/demonstrieren: öffentliche Versammlung mehrerer Personen, bei der die Menschen laut ihre Meinung äußern

Deutsche Arbeiterpartei (DAP): Vorgängerpartei der → *NSDAP*

Deutsches Reich: Name Deutschlands in den Jahren 1871 bis1945

Diele: Flur, Eingangsbereich eines Hauses; in alten Bauernhäusern auch: der Bereich, in dem das Vieh steht

Diener: Hausangestellter, der für seinen Dienstherrn verschiedene Pflichten erfüllt, wie Beaufsichtigung der anderen Dienstboten, Servieren von Speisen oder auch Hilfe bei der Auswahl der Kleidung und beim Ankleiden, Begleitung auf Reisen

Diktatur: Beherrschen eines Volkes durch einen einzelnen Menschen oder durch eine einzige politische Partei

direkte Wahl: wahlberechtigte Bürger wählen die Abgeordneten der Regierung
Dörrobst: getrocknetes Obst
dreschen/gedroschen: in der Dreschmaschine werden aus den trockenen Ähren der Getreidehalme die Getreidekörner ausgedroschen; zurück bleibt das leere Stroh
dulden: (hier:) erlauben
eingezogen werden: zum Militär gehen müssen
einkochen: Obst oder Gemüse roh in Gläser füllen, diese fest verschließen und dann lange in wassergefüllten Behältern kochen, um den Inhalt haltbar zu machen
Eins, zwei, drei, das letzte Paar vorbei: Kinderspiel
Eisblumen: im Winter bei Frost an einfachen Fensterscheiben entstehende Blumenmuster
empfohlen: empfehlen = vorgeschlagen werden
Entwarnung: Aufheben einer Warnung, wenn keine Gefahr mehr besteht
Erntedankfest: traditionelle Feier nach der Ernte im Herbst, bei der Gott für die Ernte in Feld und Garten gedankt wird
Erntekrone: große aus Laub geflochtene Krone, die zur Feier des Festes für ein Jahr aufgehängt wird
Federhalter: Schreibgerät aus Holz, in dessen unterem Ende eine Stahlfeder befestigt ist; die Feder wird vor dem Schreiben in ein gläsernes Fass mit Tinte getaucht
Feindsender: Radiosender der Feindstaaten, z. B. der britischen Armee
Feldbestellung: Getreidekörner, Saat von Feldfrüchten oder Saatkartoffeln auf den Feldern ausbringen
Feldrain: bewachsener Rand eines Feldes
Findelkind: gefundenes Kind, das (meistens) von den Eltern zurückgelassen wurde
Führer: → *Adolf Hitler* nannte sich so
Fürst Otto von Bismarck (1815–1898): erster Reichskanzler des Deutschen Reiches
Fußbodendielen: Holzfußboden
Gebiete abtreten: Land an andere Staaten abgeben müssen
gedemütigt: beleidigt oder schlecht behandelt werden
geerbt/erben: nach dem Tod des Vaters oder der Mutter das Eigentum und Land bekommen
Gehorsam verweigern: sich nicht an Befehle halten
Generalfeldmarschall: bis 1945 höchste Stufe im deutschen Militär
Gerste: Getreidesorte
Gesellschaftsspiele: Brett- und Kartenspiele, die mit mehreren Personen gespielt werden
getadelt/tadeln: ermahnt, ausgeschimpft
Glaubensgemeinschaft: Gruppe von Menschen, die an dasselbe (z. B. an einen Gott) glaubt
Graupen: Getreidesorte, Gerstenart
Griffel: Stift zum Schreiben auf einer Schiefertafel
Groschen: Geldmünzen
Gut/Gutshof: großer landwirtschaftlicher Betrieb
Gutsherr/Gutsherrschaft: Besitzer eines Gutes (großen landwirtschaftlichen Betriebes)
Habsburg: *alte* deutsches Fürstenfamilie
Hanf: Faserpflanze, aus der z. B. Seile hergestellt werden
Hausangestellte: bezahlte Angestellte im Haus → *wohlhabender* Leute
Heilkundiger: eine Art Arzt
Henkelkorb: Korb mit einem großen Henkel zum Tragen
Herrenzimmer: Zimmer in vornehmeren Häusern, in denen sich die Männer zur Unterhaltung trafen und in denen sie rauchten
HJ: Abkürzung für Hitler-Jugend
Hochparterre: erhöhtes Erdgeschoss
Hohenzollern: alte deutsche Fürstenfamilie
hoher Parteigenosse: wichtiges Mitglied einer Partei, das etwas zu bestimmen hat
Höhere Schule: Schule, die heute Gymnasium heißt
Höhere Töchterschule: Schulen für Töchter wohlhabender Familien, die sie auf ihre späteren häuslichen Pflichten als Hausfrau und Mutter vorbereiteten; etwa mit dem 15. bis 16. Lebensjahr waren sie fertig ausgebildet
Holzpantinen: Holzschuhe
Industriestaat: ein Staat, in dem in vielen großen Fabriken aus Rohstoffen (z. B. Eisenerz, Kohle, Wolle) viele gleiche Waren hergestellt wurden (Eisen, Stahl, Medizin, Stoffe) und im eigenen Land oder an das Ausland verkauft werden
Industrieller: Eigentümer eines Industriebetriebes
Inflation: Geld wird immer weniger wert
Islam: Religion; die Anhänger beten zu Allah und seinen Sohn Mohammed; in Deutschland nennen sich die Anhänger Muslime
Jahrhundert: hundert Jahre
Joseph Goebbels (1897–1945): Politiker während des Nationalsozialismus und enger Berater Adolf Hitlers
Juden: Angehörige des jüdischen Volkes oder der jüdischen Religion
Jungmädelbund (JM): → *Bund Deutscher Mädel*, BDM; vom Staat gegründete und beaufsichtigte Organisation, die Mädchen von 10–14 Jahren im Sinne des Staates beeinflusste und erzog
Jungvolk (DJ): Jugendorganisation der Hitler-Jugend (→ *HJ*) für Jungen zwischen 10 bis 14 Jahren

Kaiser Napoleon III. (1808–1873): französischer Kaiser

Kaltblüter: schwere, kräftige, große Arbeitspferde

kandidieren: sich um ein Amt bewerben

kapitulieren/Kapitulation: sich unterwerfen

Kaserne: Gebäude, in dem Soldaten/Polizisten wohnen

Kautschuk: Saft eines Baumes, aus dem Gummi hergstellt wird

Kiekebusch: Kinderspiel

Kinderfräulein/Kinderfrau: (unverheiratete) Frau, die sich um die Erziehung der Kinder wohlhabender Familien kümmert

Kinderlandverschickung: Unterbringung von Schulkindern aus von Bomben bedrohten Gebieten Deutschlands auf dem Land; die Kinder lebten mehrere Monate lang von ihren Familien getrennt in Kinderheimen

Kindermädchen: ca. 14–16 Jahre altes Mädchen, das auf die Kinder aufpassen muss; oft zur Unterstützung der Kinderfrau, wenn viele Kinder zur Familie gehören

Kleingarten-Kolonie: viele kleine Gärten mit einem kleinen Gartenhaus; am Rande großer Städte gelegen, von einem Zaun umschlossen; hier bauten Arbeiterfamilien Kartoffeln und Gemüse an

Knecht: Arbeiter auf einem Bauernhof

Kolonie: Land, das zu einem europäischen Staat gehört; wird diesem Staat regiert

Kommunist: jemand, der dafür eintritt, dass alle Menschen gleich viel besitzen

Kompanie: Truppe mit ca. 60 bis 250 Soldaten

Konfirmation: feierliches Ereignis evangelischer Christen; fand zur Zeit der Entlassung aus der Volksschule statt

Koppel: (Pferde-)Weide

Krankenversicherung: erstattet für Versicherte bei Erkrankungen die Kosten für die ärztliche Behandlung und Medizin

Kreisspiel: Kinderspiel, bei dem mehrere Kinder gemeinsam im Kreis sitzen oder stehen

Krücke: Gehhilfe, Stütze

Krüppel: körperlich behinderter Mensch

Kundgebung: öffentliche Versammlung, auf der die Menschen laut ihre Meinung sagen

Lazarett: Krankenhaus für Soldaten

Lebensmittelkarte: ein vom Staat ausgegebenes Papierblatt; in kleinen Feldern ist zu lesen, wie viel jedes Familienmitglied in einem Monat zu essen kaufen kann; der Staat teilt ein, wie viel jeder bekommt, weil es nicht für alle Menschen genug Lebensmittel gibt; keiner konnte so viel kaufen, dass seine Familie davon satt werden konnte

Leibchen: eine kragenlose Weste für Kinder, auf dem Rücken mit Knöpfen geschlossen, wird unter der Oberbekleidung getragen

Leibwäsche: Unterwäsche

Leiterwagen: Pferdewagen, der in der Landwirtschaft für Heu- und Strohtransporte genutzt wurde

lindern: bessern, verringern

Lokomobile: eine Dampfmaschine mit Eisenrädern, die von Pferden bewegt werden, aber nicht selbst fahren kann

Luftschutzkeller/Luftschutzraum: massiv ausgebaute Kellerräume mit durch Stützen verstärkten Decken, um Menschen vor abgeworfenen Bomben zu schützen

Luftschutzwart: war dafür verantwortlich, dass sich die Bewohner bei Luftangriffen möglichst schnell im Luftschutzkeller in Sicherheit brachten

Lungentuberkulose: Lungenkrankheit, an der sehr viele Menschen starben

Magd: Arbeiterin auf einem Bauernhof

Malzkaffee: Kaffee aus Getreide

Medikamente: Medizin, z. B. Tabletten oder Salben, gegen Krankheiten

Menschenrechte: Rechte, die festlegen, dass jeder Mensch von Geburt an mit gleichen Rechten ausgestattet ist, und die unabhängig davon, in welchem Staat er lebt, allen Menschen zustehen

Messingbeschläge: kleine Metallstücke aus Messing, die als Schmuck am Pferdegeschirr angebracht sind

Miete: Geld, das für das Bewohnen einer Wohnung oder eines Hauses gezahlt wird

Mietshaus: Haus mit vielen Wohnungen, in dem verschiedene Personen/Familien leben und dafür → *Miete* zahlen

Militär/Militärs: bewaffnete Armee eines Staates

minderwertig: weniger wert

Mischbrot: Brot aus Weizen- und Roggenmehl

Molkerei: Betrieb, in dem Milch zu Käse, Butter usw. verarbeitet wird

Monarchie: Land, das von einem König oder einem Kaiser regiert wird

Muckefuck: Ersatzkaffee, auch Kaffeeersatz, Malzkaffee, Getreidekaffee, Gerstenkaffee oder Fruchtkaffee ist ein kaffeeähnliches Getränk, das aus einer Mischung von verschiedenen Getreidesorten hergestellt wird

Muff: röhrenförmig zusammengenähtes Stück Pelz, in das die Hände von beiden Seiten hineingesteckt werden, um sie zu wärmen

Nachttopf: wurde gebraucht, als die Toiletten noch außerhalb des Hauses weit vom Schlafzimmer entfernt lagen und so nachts nur schwer zu erreichen waren; er wurde am frühen Morgen draußen entleert

Nationalsozialisten: Mitglied der Nationalsozialistischen Deutschen Arbeiterpartei → *NSDAP*

NSDAP: 1933 bis 1945 einzige in Deutschland erlaubte politische Partei, ihr Führer war → *Adolf Hitler*

Nationalversammlung: Versammlung der gewählten Abgeordneten

Norddeutscher Bund: Militärbündnis aller deutschen Länder nördlich des Mains

Nüstern: Nasenöffnung der Pferde

Papst: Oberhaupt der Römisch-Katholischen Kirche

Parlament: Volksvertretung; die → *volljährigen* Bürger eines Staates wählen Mitglieder des Parlaments, die ihre Interessen vertreten

Partei: Zusammenschluss von politisch interessierten Männern und Frauen mit ähnlichen Meinungen, Interessen und Zielen

Parterre: Erdgeschoss

Pasteten: Gerichte aus Fleisch, Wild, Geflügel oder Fisch, die in einer Teighülle oder einer Porzellanform gebacken werden

Pension: (hier:) Schülerinnen und Schüler, die nicht dort wohnten, wo sie die Höhere Schule besuchten, wurden von ihren Eltern in einer Pension eingemietet; sie bezogen darin ein Zimmer, in dem sie wohnen, schlafen und arbeiten konnten; die Pensionswirtin versorgte sie mit drei Mahlzeiten am Tag

Pest: sehr ansteckende Krankheit, an der im 14. Jahrhundert in Europa Millionen Menschen starben

Pferdeknecht: Arbeiter auf einem Gutshof, der die Pferde füttert und pflegt

Pfund: 500 Gramm

Pressefreiheit: Recht der Berichterstatter aus Radio, Fernsehen, Zeitungen und Zeitschriften, über Ereignisse, Politik, berühmte Personen zu berichten und dabei Informationen und Meinungen an die Öffentlichkeit zu bringen; es dürfen auch Berichte veröffentlicht werden, die nicht mit der Meinung von Politikern oder der Regierung übereinstimmen

primitiv: einfach

Pulswärmer: Kleidungsstück, das die Hand, den Handrücken und das Handgelenk bedeckt; die Finger bleiben frei

Rappe: schwarzes Pferd

Regierung: leitet, lenkt und beaufsichtigt die Politik eines Landes; sie besteht aus einem Regierungschef (dem Reichskanzler oder dem Bundeskanzler) und mehreren Ministern

Reichskanzler: Amtsbezeichnung des Regierungschefs des Deutschen Reiches von 1871 bis 1945; von 1933 bis 1945 war Adolf Hitler Reichskanzler

Reichsmark: von 1924 bis 1948 offizielles Zahlungsmittel in Deutschland

Reichspräsident: Bezeichnung für das Staatsoberhaupt des Deutschen Reiches von 1919 bis 1945

Republik: Staat mit einer von seinen Bürgerinnen und Bürgern gewählten Regierung

Reuse: Korb-, Netz- oder Drahtgeflecht, in dem Fische gefangen werden

Revolution: wenn ein Land schlecht regiert wird und das Volk dieser Regierung nicht vertraut, beginnt es eine Revolution, um eine andere Regierung zu bekommen

Rohrstock: harter, dünner, Stab aus Schilf- oder Bambusrohr

Rohstoff: natürliche Materialien, die für die Produktion von Waren benötigt werden; z. B. Eisenerz, Kupfererz, Gold, Silber, Kohle und Holz sind Rohstoffe

römische Zahl: Zahlen, die im Römischen Reich vor ungefähr 2000 Jahren verwendet wurden; Buchstaben waren dort auch Zeichen für Zahlen: I war die Eins, V die Fünf, X stand für Zehn

Rotes Kreuz: hilft bei der Rettung von Menschen im Krieg, nach Erdbeben und anderen Katastrophen

Ruine: zerstörtes Gebäude

ruinieren: zerstören

Salon: Empfangszimmer eines großen Hauses für Gäste

Schiefergriffel: Stift zum Schreiben auf einer → *Schiefertafel*

Schiefertafel: Tafel aus Schiefer, die zum Schreiben- und Rechnenlernen in der → *Volksschule* verwendet wurde

Schutt: Steine, Trümmer zerstörter Gebäude

Schweizer: Mitarbeiter auf einem Gutshof, der die Kühe melkt und pflegt

Sieger des Krieges/Siegermächte (1. Weltkrieg)**:** u. a. Frankreich, England, Russland, die USA

Sozialdemokrat: Mitglied der Sozialdemokratischen Partei Deutschlands (SPD)

Sparbuch: wenn jemand Geld zurücklegen wollte, um es zu sparen, brachte er es zu einer Sparkasse oder Bank; dort wurde in sein Sparbuch eingetragen, wie viel Geld er dort eingezahlt hatte und wie viel er schon zusammengespart hatte

Speisezimmer: Esszimmer

Spitzel: jemand, der auf Nachfrage, gegen Bezahlung oder andere Vorteile der Polizei oder der Geheimen Staatspolizei Informationen über Personen oder Gruppen verriet; die Verratenen wurden dann verhaftet, verhört, gequält und oft ermordet; es wurde nicht geprüft, ob der Spitzel die Wahrheit sagte oder ob er jemanden beschuldigte, der unschuldig war

Splittergräben: Gräben, die sich die Menschen/Soldaten gruben, um Schutz gegen Bombensplitter zu haben

Staatskasse: Geld/Eigentum des Staates

Steckrübensuppe: Eintopf aus Steckrüben und anderem Gemüse, manchmal mit Fleisch

Steintopf: großes Gefäß aus Stein, in dem Marmelade und Honig aufbewahrt wurden

Stellmacher: Handwerker, der Räder, Wagen und andere landwirtschaftliche Geräte aus Holz herstellte

Stoppelfeld: nicht gepflügter Acker nach der Getreideernte

Streik/streiken: gemeinsame Arbeitsniederlegung (Verweigerung) mit dem Ziel, den Arbeitgeber zu Änderungen oder Arbeitsverbesserungen zu zwingen

Stubenmädchen: heizte und putzte die Zimmer in einem Haushalt, kümmerte sich um heißes Wasser und half manchmal auch beim Waschen der Wäsche

stürzen: etwas gewaltsam politisch ändern

Tiefflieger: tief fliegende, kleine Kriegsflugzeuge

Töchterschule: Schule für Mädchen, in der die sie das Kochen und Backen, die Bewirtung von Gästen sowie Haushaltsführung und Kinderpflege lernten; sie lernten auch, zu nähen und zu sticken, hatten Unterricht in Musik und in Religion; die Schule endete für die Mädchen etwa mit dem 15. bis 16. Lebensjahr

Unfallversicherung: wenn jemand bei der Arbeit einen Unfall hatte, übernahm die Unfallversicherung, dem Arzt und dem Krankenhaus Geld für die Behandlung zu zahlen; die Unfallopfer sollten so gut behandelt werden, dass sie wieder gesund wurden und arbeiten konnten

Uniform: gleich aussehende Kleidung, um z. B. von jedem als Soldat oder Polizist erkannt zu werden

Universität: wissenschaftliche Hochschule, an denen Studenten unterrichtet werden und geforscht wird; von Studenten, die z. B. Arzt oder Apotheker werden wollen, ob es gegen eine Krankheit eine wirksame Medizin gibt

Unruhen: unzufriedene Menschen versammeln sich auf Straßen und Plätzen, schreien ihren Zorn heraus und sind bereit, für ihr Recht zu kämpfen

US-amerikanischer Dollar: Geldwährung der USA

verehren/verehrt: für jemanden schwärmen, ihn oder sie gern haben

Verfassung: legt Rechte und Pflichten der Bürger fest; Gesetze eines Landes/Staates dürfen nicht der Verfassung widersprechen

Versammlungsfreiheit: das Recht, sich ohne Anmeldung oder Erlaubnis friedlich und ohne Waffen zu versammeln

verschollen: verschwunden

Volksgemeinschaft: Wort aus dem Nationalsozialismus: nur gleich aussehende, gesunde Menschen, die dieselbe politische Meinung hatten, gehörten dazu

Volksschule: Schule für alle Kinder von Klasse 1 bis 8

Volkstänze: Tänze, die zu traditionellen Volksfesten oder Veranstaltungen getanzt wurden und werden

volljährig: Personen, die das 18. Lebensjahr vollendet haben und damit erwachsen sind

Vorsehung: Schicksal

Wadenwickel: kalte, feuchte Tücher werden um die Waden gelegt

Waschtisch: Tisch oder Kommode, auf dem eine größere Schale und ein Krug mit Wasser zum Waschen standen

Weimarer Republik (1919–1933): Zeit zwischen den beiden Weltkriegen, in der das Volk die Regierung wählte und nicht von einem Kaiser regiert wurde; Deutschland war erstmals eine Demokratie

Weimarer Verfassung: die erste → *Verfassung* des Deutschen Reiches

Wirtschafterin: Angestellte, die für den Speiseplan, die Einkäufe und den Einsatz der anderen im Haushalt beschäftigten Personen zuständig war

Wohlstand: Leben in gesicherten Verhältnissen; der Mann verdient genug Geld mit seiner Arbeit, um ein großes Haus zu haben, die Familie gut zu kleiden, mit ihr zu verreisen und Hausangestellte bezahlen zu können

zetern: laut schimpfen

Zinnsoldaten: Kinderspielzeug; Nachbildungen von Soldaten aus Metall

Zinsen: Geld, das man erhält, wenn man jemandem für bestimmte Zeit Geld leiht; wenn man Geld zur Bank bringt und es spart, bekommt man auch Zinsen dafür

zweizinkige Forke: große Holzgabel mit zwei Metallzinken, die in der Landwirtschaft bei der Heu- und Getreideernte zum Beladen der Leiterwagen verwendet wurden

Zwetschgenbaum: Pflaumenbaum

Lieder

7

Morgen, Kinder, wirds nichts geben

2. Doch ihr dürft nicht traurig werden,
Reiche haben Armut gern.
Gänsebraten macht Beschwerden,
Puppen sind nicht mehr modern.
Morgen kommt der Weihnachtsmann.
Allerdings nur nebenan.

3. Lauft ein bißchen durch die Straßen!
Dort gibt's Weihnachtsfest genug.
Christentum, vom Turm geblasen,
macht die kleinsten Kinder klug.
Kopf gut schütteln vor Gebrauch!
Ohne Christbaum geht es auch.

4. Tannengrün mit Osrambirnen -
lernt drauf pfeifen! Werdet stolz!
Reißt die Bretter von den Stirnen,
denn im Ofen fehlt's an Holz!
Stille Nacht und heil'ge Nacht -
weint, wenn's geht, nicht! Sondern lacht!

5. Morgen, Kinder, wird's nichts geben!
Wer nichts kriegt, der kriegt Geduld!
Morgen, Kinder, lernt fürs Leben!
Gott ist nicht allein dran schuld.
Gottes Güte reicht so weit ...
Ach, du liebe Weihnachtszeit!

Quelle: Text: Erich Kästner, um 1928. Melodie: "Morgen Kinder, wird's was geben".

Auf der Mauer, auf der Lauer

Auch dieses alte Kinderlied bekommt heute eine ganz neue Wendung ...

Singweise:
Der erste Vers wird 'normal' gesungen, beim zweiten Vers wird bei den Worten "Wanze" und "tanzen" jeweils das "e", bzw. "en" am Ende weggelassen, beim dritten das "z", usw. bis die Worte ganz verschwunden sind. Wer Lust hat, kann im zweiten Durchgang die Worte dann wieder aufbauen.

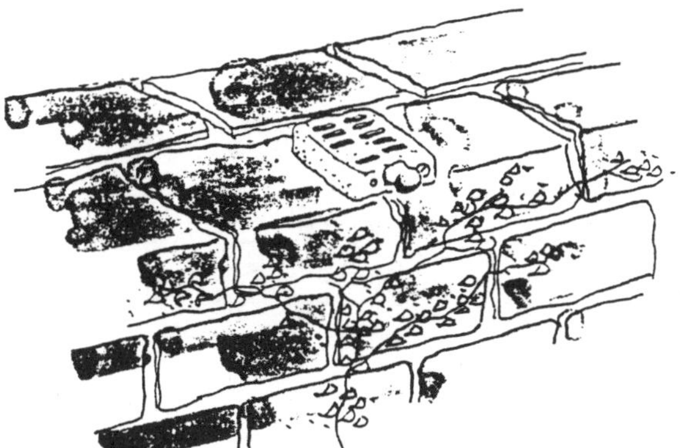

Quelle: SFE-Liederkiste, Nr. 32.

Schall wään alltiet Sunnschien

Den Text zu diesem Lied hat ein Junge aus Moskau gemacht. Er schrieb ihn in die Ecke eines Bildes das er gemalt hat, mit einer großen gelben Sonne, einem großen blauen Himmel und zwei Menschen darunter. - Helmut Debus übertrug das Lied, das er auf einer Platte des amerikanischen Folksängers Pete Seeger gehört hat, ins Plattdeutsche. - Es wäre schön, wenn es jeder in seinem Dialekt singen würde.

D' Sunn soll oallaweil scheina,
und da Himme oallaweil blau sa,
und d' Muadda oallaweil doa sa,
und i bi aa dabei.

Die Sonn soll immer schein,
un de Himmel immer blo sei,
un die Mama immer do sei,
un ich sei immer dobei.

Pust'ch vsjegdá budjet sólnze
pust'ch vsjegdá budjet njéba
pust'ch vsjegdá budjet máma
pust'ch vsjegdá budu ja.

May there always be sunshine
may there always be blue skies
may there always be Mami
may there always be me.

Die Sonne soll immer scheinen,
und der Himmel immer blau sein,
und die Mama immer da sein,
und ich bin immer dabei.

Quelle: Plattdeutsche Fassung: Helmut Debus, der uns freundlicherweise auch den russischen und englischen Text zur Verfügung stellte. Bayrische und nordhessische Fassung von den Hgn.

Ene mene, kille kille

Zu Beginn des Jahres 1930 waren auch in Deutschland die Auswirkungen der Weltwirtschaftskrise zu spüren: Mehr als 3 Mill. waren arbeitslos. An den Schulen wurden drastische Sparmaßnahmen druchgeführt; Lehrstellen wurden eingespart, Schulklassen zusammengelegt, Gelder für Reparaturen an den Schulen und Schulspeisung der Kinder gekürzt. Aus Protest gegen diese Maßnahmen führten 4 Neuköllner Schulen im April 1930 einen Schulstreik durch. Mit dem Kinderlied vom Sparen demonstrierten die Neuköllner Arbeiterkinder gegen die Verordnungen des Berliner Magistrats.

2. Ene, mene, Jummischlauch!
Ach, Herr Lehrer, mir knurrt der Bauch,
knurrt der Magen noch so laut,
die Kinderspeisung ist jeklaut.

3. Ene, mene, ick muß schon lachen,
Herr Lehrer, wir wollen einen Ausflug machen.
Da faßt a sich an Zickenbart:
'So seht ihr aus, jetzt wird jespart.'

4. Ene, mene, Kunterbunter,
der Kalk fällt von de Decke 'runter,
durch det Fenster zieht es doll,
die Klassen werden jetzt doppelt voll.

5. Ene, mene, Lausebeene,
jetzt kenn wa det Lied schon janz alleene,
an allet sparn se fürchterlich,
bloß mit Dresche sparn se nich!

Quelle: Das Lied im Kampf geboren, Hft.6, S.86.

Bildquellenverzeichnis

U1 akg-images;
Seiten 21–24 unten, 25, 31, 34, 38, 44, 46, 52, 54, 56, 67, 69, 73, 80 oben rechts, 80 unten rechts, 87, 92, 103, 113, 123 akg-images;
Seite 24 oben Bildarchiv Foto Marburg;
Seiten 33, 35, 39, 57, 68, 109, 126 Bildarchiv Preußischer Kulturbesitz;
Seiten 49, 70, 71, 72, 84, 85, 90, 105, 106, 107, 111, 116, 117, 118, 119, 121, 130 ullsteinbild;
Seite 50 picture-alliance/Imagno;
Seite 78 © Ernst Barlach Lizenzverwaltung Ratzeburg;
Seite 80 oben links H. Buresch/Sammlung Roselius, Bremen;
Seite 80 unten links Stiftung Stadtmuseum Berlin;
Seite 83 Autorenfotos;
Seite 86 Westermann Archiv;
Seite 114 Deutsches Historisches Museum, Berlin;
Seite 127 SV-Bilderdienst/Scherl
Seite 137–138 Das kleine dicke Liederbuch, Heide Buhmann / Hanspeter Haeseler, Rockbuch Verlag 1989